「やりたいこと」が次々見つかる！

自分らしく生きている人の学びの引き出し術

尾石晴

Oishi Haru

KADOKAWA

5年後のあなたへ。

自分らしい人生を送っていますか？
やりたいことを見つけて、
幸せな毎日を過ごしていますか？

この問いかけに
「自信を持ってうなずくことができなかった」
「今のままの生活でいいのか不安になった」
という方もいるでしょう。

そう感じたあなたを、
助けてくれるものがあります。

それが「学びの引き出し」です。
誰もが頭の中に、
「学びの引き出し」を
持っています。

その引き出しには、あなたのこれまでの
学びが服や小物のように並んでいます。

「そんなものあるわけないよ！」
「勉強なんて、今までそんなにしてこなかったし」

いいえ。

あなたはまだ、「学びの引き出し」の存在に気づいていないだけ。

この本を読んで、
収録されているワークに取り組むと、
あなたの学びに対する軸、学び軸
が見えてきます。

すると、あなたの「学びの引き出し」がスーッと開き、
引き出しの中にどんな学びが入っているのか、
これからどんな学びを引き出しに入れると
うまくいくのかが、わかるようになります。

すると、

本当にやりたいことを見つけ、
自分らしい人生を歩んでいける
ようになるのです。

さあ、今から一緒にあなたの
学び軸を見つける旅に出かけましょう。

学び軸はずっとあなたの中にあって、
あなたに見つけてもらえるのを
待っています。

この本に出てくるキーワード

学び軸

- 誰でも持っている学びに対する軸
- 「学びの引き出し」を活用するためのトリガー
- 自分の学び軸をきちんと認識している人は少ない

学びのジック
（学び軸を擬人化）

学びの引き出し

- 過去の学びが詰まっている
- 中身は一人ひとりまったく違う
- 学び軸(学びのジック)が見えていないと活用できない
- 自在に活用できると、自分らしく生きていくことができる

はじめに

誰もが「学びの引き出し」を持っている。

そして、「学びの引き出し」の中に入っている過去の学びを活用したり、新たな学びを組み合わせたりしながら生きている。

自分の中にある学びに対する「軸」がはっきりすると、「学びの引き出し」を自在に活用できるようになって、人生をよりよい方向へと変化させることができる。


この気づきをもとに、私自身の学びの経験と何千冊もの読書による知識（年間300冊ほど読みます）、現在大学院で学んでいることを融合させて、大人の学びにはこれが大事だと思うことを本書にまとめることにしました。

この本は、学びをテーマにしていますが、多くの勉強・学びに関する本とは少し違います。大人の勉強法など、ノウハウを教える本ではありません。**あなたの中にある「学びの引き出し」と、学びの軸となる「学び軸」を見える化し、自分らしく生きる方法を案内するための本です。**

あなたの「学びの引き出し」に入っている学びを棚卸ししつつ、それらを選んだ経緯や理由を探っていきます。そうするうちに、あなたの学び軸がだんだんと見えてきます。

すると、「学びの引き出し」に新たに入れるものを自分で選べるようになります。そして、学びを着こなして、自分のありたい姿に変化できるようになります。

なぜ、私がこんな本を書けるのか？　私自身が学び軸を手に入れ、「学びの引き出し」を活用して人生を変化させている当事者だからです（皆さんと同じく現在進行形）。

私はもともと普通の会社員で、新卒で入社した外資系企業で2回の産休・育休を取得しながら、16年間働いてきました。会社に勤めるかたわら、2018年頃から発信活動を始め、当初は「学びの引き出し」というブログを運営していました。

現在は、音声メディアVoicyで「学びの引き出しはるラジオ」というチャンネルを持ち、「3カ月前の自分が知っていれば、もう少しスムーズに行動できたかも」と思うような共働きのモヤモヤやライフハック、キャリア問題、副業、子育ての気づきなど、皆さんが身近に感じるテーマについて発信しています。

3年前に「40歳の壁」にぶつかり（前著『「40歳の壁」をスルッと越える人生戦略』〈ディスカヴァー・トゥエンティワン〉に詳しく書きました）、これからの人生を主体的に生きるために、「試行錯誤する時間がほしい！」と思うようになりました。

そこで、2020年4月に会社員を卒業して、自主的にサバティカルタイム（使途を決めない学びの休暇）を2年間ほど取得しました。こんな選択ができたのは、私の学び軸が「そっちに行きなよ」と教えてくれたからです。

以降、次のような活動を行い、学びによる変化を積み重ねてきました。

・対面＆オンラインのヨガスタジオ「POSPAM（ポスパム）」の立ち上げ

・

- **書籍3冊出版**（『やめる時間術』〈実業之日本社〉、『ワーママはるのライフシフト習慣術』〈フォレスト出版〉、『「40歳の壁」をスルッと越える人生戦略』〈ディスカヴァー・トゥエンティワン〉）
- **文筆業**（noteマガジン〈現在休刊中〉、雑誌『レタスクラブ』連載、Webコラムなど）
- **全米ヨガアライアンス（RYT）500の取得**
- **不動産賃貸業**（アパート3棟運営と新築RCマンション建築）
- **母と子のシェアコスメ「soin（ソワン）」のブランドづくり・製品の販売**
- **大学院入学試験**（2022年4月に国立の大学院に進学）

「なぜ、普通の会社員だったのに、これらのことを実現できたのか？」とよく聞かれますが、大それたことをやってきたわけではありません。ひとえに自分の中にある学び軸を知り、「学びの引き出し」を活用して、自分が欲した学びを繰り返してきただけです。うまくいったことも、いかなかったこともありましたが、そのすべてが私にとって学びそのものでした。

結果として、私の「学びの引き出し」の中身は増えていきました。そのおかげで少しずつ人生が変化して、気づけばこんなところにいた、というのが正直な感想です。そして、まだその変化は続いています。

この本を読めば、「学びの引き出し」とは何か、どう活用すればいいかについて知ることができます。しかし、**本当の意味で今までの自分の学びについて理解し、やりたいことを見つけるには、あなたの学び軸をはっきりさせる必要があります。**目に見えず、捉えどころのない学び軸を見つけ出すために、本書にはさまざまなワークを収録しました。

注意点が1つ。**ワークはパラパラ見て終わりにするのではなく、直接本に書き込んだり、ワークシートをダウンロードしたりして、自分の手で実際に書いてみてください。**書きながら言葉にしていくうちに、あなたが持っている学びの力や、やりたいことが見えてくるよう構成してあります。

「書く」という行為は、分けることから始まります。自分のわかっていることと、わからないことを分けて、アウトプットする。それが「書く」ということです。

書こうと思った時点で、頭の中でモヤモヤしていたものが分解され、可視化されていきます。事実、感情、思考の癖……。書きたいこと、書きたくないこと、わからないこと……いろいろと見えてくる。

実際に書くことで、頭の中から出てきたものを客観的に見られるようになります。そこから、新たな気づきや理解が生まれる。この過程が大事なのです。たとえ思うように書けなかったとしても、書けない＝分けることができない＝（今はまだ）わかっていない、という気づきを与えてくれます。

本書は、「学び」というわかりにくいものをテーマにしています。頭の中で「わかったつもり」で終わらせないためにも、ぜひ実際に書きながら読み進めてみてください。

では、早速、始めていきましょう。

目次

第1章 誰もが「学びの引き出し」を持っている

第2章 あなたの学び軸について知ろう

第3章 学び軸のデータを集めよう

第4章

学び軸を回すために リソースを確保しよう

第5章

「学びの引き出し」を整理しよう

ブックデザイン　喜來詩織（エントツ）
イラスト　亀山鶴子
DTP　山本秀一、山本深雪（G-clef）／三橋理恵子（Quomodo Design）
校正　麦秋アートセンター
編集協力　蓮見紗穂
編集　川田央恵（KADOKAWA）

第 1 章

誰もが「学びの引き出し」を持っている

過去の学びが詰まった「学びの引き出し」。しかし、その存在に気づいている人は多くありません。この章では「学びの引き出し」とは何なのか、自分のやりたいことを見つけ、自分らしく活躍している人は「学びの引き出し」をどのように活用しているのかを解説します。

「学びの引き出し」とは何なのか？

学びは生活の中にあふれている

学びについて考えるとき、皆さんはどんな言葉が思い浮かびますか？　おそらく人それぞれいろいろなキーワードが頭に浮かぶのではないでしょうか。

勉強？　経験？　苦行？　楽しみ？　趣味？　遊び？　学びというのは、それくらい広い意味を持つ言葉です。

学校での勉強はもちろん、自分の趣味や興味に関する知識を深めることも学びです。新しいスキルを習得するためのトレーニングを行ったり、ワークショップに参加したりすることも学びにつながります。

経験からの学びも重要です。チャレンジして失敗したり、困難にぶち当たったりして教訓を得るのも学びといえます。他人との対話やコミュニケーションを通じて、自分と異なる視点や知識を得ることも学びにつながりますよね。

このように、学びはさまざまな形で生活の中に存在します。**「学び」と聞くとハードルが高いと感じる人もいるかもしれませんが、私たちは生きているだけで多くの学びをしています**（P28／図①）。『北斗の拳』ではありませんが、「お前はもう学んでいる！」状態なのです。

他人の取った資格やTOEIC®の高得点を見て、「私の学びはレベルが低い」なんて思う必要はありません。子育てに追われる日々で、「私はもう長い間学んでいない」と自分を情けなく思う必要もありません。

学びは、数値や知識の量で他人と差をつけるためにするものではありません。比較対象は他人や世間ではなく、昨日の自分です。

図①▶生活の中に学びはあふれている

好きなこと・趣味からの学び

勉強からの学び

講座やワークショップからの学び

仕事からの学び

経験からの学び

対話からの学び

私たちは生きているだけで多くの学びをしている

学びによって知恵がつく、それによってちょっと生きやすくなる、選択がしやすくなる、生活が快適になる。これこそが本来の学びの価値なのです。

「学びの引き出し」に入っているものは人それぞれ

私は何か行動しようとするとき、頭の中にある「学びの引き出し」をそっと開きます。そこには、過去に学んできたことが詰まっています。

たとえば、本の紹介を記事にするなら、文章の書き方、過去に読んだ本の内容、本の内容に関係するオリジナルの体験……。これらを取り出して組み合わせることで、私らしいアウトプットができ上がります。

私たちは、日常生活で経験したことや学んだ知識を抽象化（本質的な要素を抜き出し、他の事象との共通点を見つける）・具体化（物事を細分化し、実際にやってみる）・一般化（物事から普遍的な原則や法則を引き出す）して活用しています。この経験や知識の集積が、あ

なたの「学びの引き出し」です。「学びの引き出し」に入っているものは人それぞれ違います。

「学びの引き出し」に入っているものが人によってどう違っているか、料理を例にして考えてみましょう。

料理をするとき、あなたはどのように行動しますか？　レシピを詳細に読み込んでからつくり始めるのか、レシピをざっくりと見て大まかに進めるのか。材料を細かく計量するのか、目分量で進めるのか。材料が足りない場合は似たものを代用するのか、買いにいくのか。レシピに忠実に仕上げるのか、アレンジを加えるのか……。いろいろなやり方がありますよね。

私の場合、レシピをざっくりと見て目分量でつくり、足りない材料は似たもので代用するというスタイルです。今までに何度も料理をしたことがあり、基礎的な知識が身についているため、大まかな指針があればつくることができるからです。

以前の料理経験を抽象化して他の料理にも応用し、火加減や調味料の使い方などを

図②▶学びの抽象化・一般化・具体化

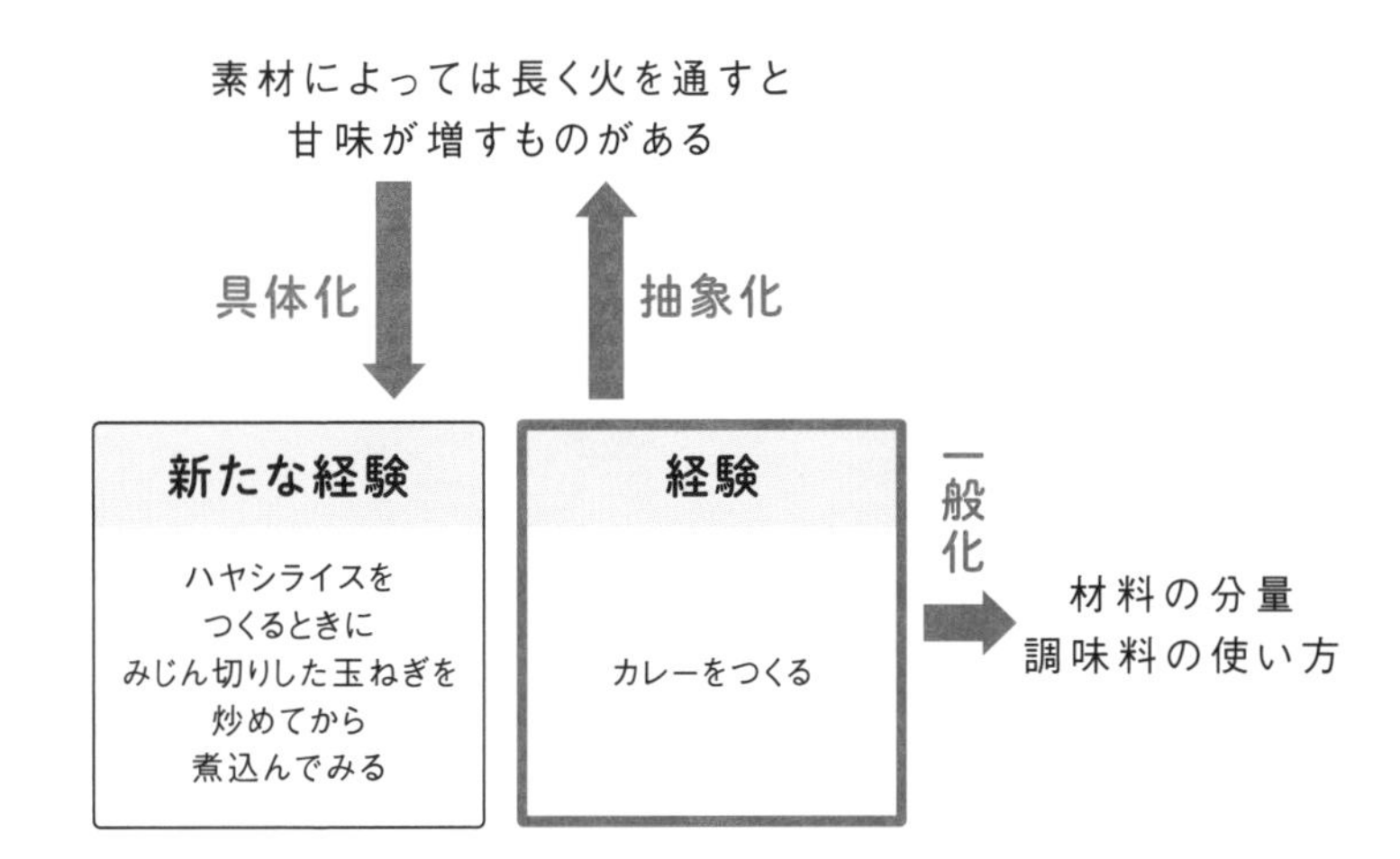

一般化して活用しています。

しかし、他の人が同じ料理をつくる場合は、違うアプローチを取る可能性があります。レシピに書かれている材料をきっちりそろえて、正確に計量するかもしれませんし、「おいしく仕上げるにはこのプロセスが必要」という考えのもと、レシピに書かれていないプロセスを組み込むかもしれません。

なぜなら、人によって持っている知識や経験が違いますし、それをどう使うかのスタイルや価値観も違うからです（これが後述する「学び軸」です）。それによって、新たに得た学びをどのように抽象化、一般化、具体化するかも異なります

（P31／図②）。だから、料理ひとつとっても、千差万別のパターンが生まれるのです。

私にとって学びとは、今の自分を生きやすくしてくれる知恵です。年齢を重ねるほど、「学びの引き出し」の中身は増えていきました。おかげで、大人になればなるほど、若い頃より確実に生きやすくなってきていると感じます。あなたはどうですか？

時々、年配の方が「若い頃に戻りたい」と言っているのを聞きますが、私からしたらとんでもない！　試行錯誤を重ねたおかげで「学びの引き出し」が充実し、やっと自分らしく生きられるようになってきたのに、引き出しの中身が少ない状態には戻りたくない。こう思えるのは、ひとえに私自身が「学びの引き出し」を意識して生きてきたからだと思います。

自分らしく活躍している人の秘密

独自の「スイートスポット」を見つけている

勉強だけが学びではないと、真の意味で理解したのは大人になってからでした。社会人になってから周囲の人たちを観察していたら、一般的に「頭がいい」「学がある」と評価されることと、「自分らしく活躍できること」は、必ずしもイコールではないと気づくようになりました。誰からも「すごい」と言われるような学歴や資格がなくても、社会で活躍している人たちの存在を知ったのです。

ここでいう「活躍している人」とは、多くの人が勝負する場所ではなく、自分らしさを発揮しやすい独自の場所で活躍している人のことです。つまり、自分だけの「スイートスポット」をうまく見つけ、結果を出している人のことを指します。

こういう人たちは、勉強うんぬんではなく、積極的に自分の「学びの引き出し」を開けて、知識や経験を入れたり出したりしているように見えました。**多くの人が「学びとはいえない」と思い込んでいる小さな経験・知識にも意味づけをして、「学びの引き出し」に放り込んでいたのです。**

学歴や資格といったブランドや見栄えにこだわらず、自分の感覚を頼りに「今」の自分にとって必要な学びを見つけ、活用しているように見えました。

たとえば、私が会社員時代に「おぬし、なかなかやるな」と思っていたA先輩（後輩のくせに偉そうで失礼）は、みんなが目指す王道の出世コースではなく、ニッチなポジションへの異動を希望してスルッと本社に入り込み、役職的になかなかよいポジションにたどりついていました。出世コースの激しいポジション争いには参戦せず、自分の場所をサクッと確保して楽しそうに仕事していたのです。

こういう人こそ、学びを自分のものにできる人、自分の勝ち筋がわかっていて、自分らしく生きられる人なのだと、あるときハッと気づきました。
学びを自分のものにできる人は、きっとこんなことを考えています。

- **学びとは、誰かに評価されて点や順位がつくものではない。**
- **学びとは、日常の至るところにあり、意味づけは自分次第である。**
- **学びとは、自分の人生をよりよくするための知恵である。**

こういう人たちは、何を自分の学びにするかという「軸」が自分の中にあり、その「軸」を理解すればするほど、人生が生きやすくなると知っています。

その「軸」、この本で私が「学び軸」と呼んでいるものは、前述の「スイートスポット」を見つけるヒントにもなります。

私が学び軸の存在に気づいた経緯

どうやって私が学び軸の存在に気づいたか、簡単にご紹介させてください。

私が新卒で入社したとき、社内には高学歴で国家資格を持った人、いわゆるエリートがたくさんいました。しかし、私自身は「いい感じの学歴や資格を持つ人」ではなかったため、入社早々から「周りと同じことをしていたら、自分の活躍の場を得ることは難しい」と感じていました。

そこで、私と同じように入社時はノンエリートながら、現在は社内で活躍している人を見つけて観察することにしたのです。このことが学び軸の存在に気づくヒントになり、前述した「自分らしく活躍している人」のエピソードにつながります。

入社時ノンエリートの人は、各部署に数人ほどいました。彼らは自分が生きる場所を見定めて花を咲かせてみたり、じっくり根を張ったりしていたのです。

そして、周りからの期待にがんばって応えているというより、自分の中にある軸に従って「何を学ぶか」「どう学ぶか」を決めているように見えました。こうして私は学び軸の存在に気づいたのです。

社内で活躍するために私がやったこと

私も彼らの真似をして、学び軸を中心とした学びを大事にすることにしました。**周りからほめられるからではなく、自分の学び軸が求めること、そして自分にとって苦ではなくストレスがないことを学ぶ。自分のポジションが取れそうな場所を見極めて、根を張ってみる。**

その結果、私は入社3年目に同期180人中一番で本社ポジションへ異動になりました。エリートコースへノンエリートが躍り出た！

社内の人からは、「なぜあいつが？」と思われたと思いますが、実はこれ、同期がやっていないことでポジションを取ったからできたことなのです。

長くなるので詳細は割愛しますが、たとえば社内で推奨されているけれども、多くの人が面倒でやっていない仕事があったとします（例：レポート書きなど）。私は、普通の人が1カ月で1回やることを10回やったのです。1年で120回、2年で240回。エリートでも、普通にやっていたら2年で24回です。その差は200回以上。これだけの量をこなせば仕事の全体像が見えてくるし、応用もできるようになります。おのずと結果もついてくる。

新入社員で経験もない、仕事もまだ大してできない、期待もされていない私は、「量をこなすしかない。量を増やしても自分にとって苦ではなく、学びが蓄積することは何か？」を考え、「これだ！」と見極めたうえで実行したのです。

それって大変じゃないの？ いいえ。なぜなら、自分にとって苦ではないこと、自分の学び軸が「これならいける！」と判断したことを選んでいるからです。誰かの「やれ！」という命令ではできなかったと思います。

「学びの引き出し」を活用するために必要なこと

「学びの引き出し」はどこにある？

ここまで、自分の学び軸に従って「学びの引き出し」を活用することの効果やメリットをお伝えしてきました。

学び軸がくっきりしているから、「学びの引き出し」に学びをためることができる。「学びの引き出し」を自在に活用することができる。自分だけのスイートスポットを見つけて、自分らしく生きることができる……。

皆さんも、自分の「学びの引き出し」を活用したいですよね。そして、自分らしく生きていきたいですよね。では、早速あなたの「学びの引き出し」を開けてみましょう。誰にでもあるものですから。ほら、そこです！　そこ！　開けてみてください。

……え？　そもそも「学びの引き出し」が見つからない？

そうなんです。**人は自分のことほどわからないもの。そう簡単には「学びの引き出し」は見つからないし、開けることもできません。**というか、ナチュラルに「学びの引き出し」が見えていて中身を活用できている方は、この本を手に取っていないと思います。

では、「学びの引き出し」を見つけて活用するための方法をご紹介しましょう。

学び軸が「学びの引き出し」を照らす

「学びの引き出し」を見つけるトリガーとなるのが、学び軸です。「何を自分の学びにするか」という「軸」を知る。それが「学びの引き出し」を見つける前に必要なことです。

学び軸を認識できるようになると、学び軸の輪郭がくっきりしてきて、ライトのように「学びの引き出し」を照らしてくれます。すると、こんなことが起こります。

- **「学びの引き出し」の奥に入っていて認識できていなかった過去の学びに気づいて、うまく活用できるようになる。**
- **今はまだ「学びの引き出し」に入っていないけれど、自分らしく生きるために必要な学びや本当にやりたいことがわかり、未来の「学びの引き出し」を充実させることができる。**

このように、学び軸がくっきりすることで、過去の学びと未来に必要な学びが明確になってくるのです（P42／図③）。

過去の学びが明確になることで、不要だと思っていた学びが違う輝きを持って光を放つこともあります。

図③▶学び軸がくっきりするとどうなる?

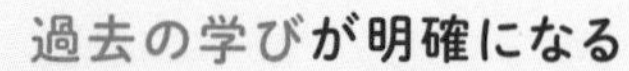

認識できていなかった
過去の学びに気づいて
活用できるようになる

未来に必要な学びが明確になる

やりたいことや
今の自分に必要な
学びが見えてくる

私の場合、学生時代に勉強していた心理学とはまったく関係のない民間企業に就職しました。退職するまで、学生時代の知識が役に立ったと感じたことは正直ありません。経済学を専攻しておけばよかったかも、とすら思っていました。

しかし、「学びの引き出し」の奥にしまい込まれていたそれらの知識は、学び軸によって再び照らされ、現在20年ぶりに使われています（大学院での学びや音声配信で活用）。それだけでなく、私の「学びの引き出し」には入っていなかった学び（大学院）を獲得するためのベースにもなっています。

20年前にはうまく使えず、「学びの引き出し」の中で眠っていた心理学の知識たち。もちろんブラッシュアップやバージョンアップは必要ですが、現在の私のやりたいことを学ぶ土台として、再び輝き始めています。それは、この20年の間に私の学び軸がさらにくっきりしてきたことと関係しています。

このように、学び軸がくっきりして現在の「学びの引き出し」の中身が明確になってくると、自分がやりたいことや、それをかなえるために必要な学びがわかるようになります。そして、自分らしさをうまく発揮しながら、成長曲線を思うままに描くことができるようになるのです。

「学びの引き出し」に何が入っているかを知ることは、自分らしく生きるためにとても重要です。そのためには、自分が持っている学び軸をきちんと知る必要があります。

次の章から、「学び軸とはどんなものなのか？」「あなたの学び軸はどんな要素で構成されているのか？」を、ワークを活用しながら見つけていきましょう。

Column 1 学びとは変化すること

現代は、私たちが子どもだった頃と比べて変化のスピードが年々速くなっていると感じます。世の中の常識も価値観も、気がつくとどんどん変わっています。

私は、この変化の時代をおもしろいと思っています。決められたレールの上を歩むのがよしとされていた時代よりも、結婚、育児、介護などのライフイベントに応じて仕事をしたり、学んだりと、人生の選択に応じて柔軟に働き方や所属先、生き方そのものを変化させやすくなるのです。もし江戸時代に生まれていたら、階層が固定されたまま生き方を選ぶことすらできず、変化ゼロで死んでいたはずです。

変化の時代は、今何を持っているか、何ができるかよりも、学びの力で自らを変化させていくしなやかさが求められます。そのためには、**無意識に持っている学びに対**

する固定観念を捨て、あなたが学びに対してどんな軸を持っているのか、つまり学び軸を理解することが大切です。

それによって、「学びの引き出し」から、今の自分に必要な学びを取り出したり、時代の変化に合わせて出し入れしたり、組み合わせて活用したりできるようになります。年齢を重ねても、大きな変化が訪れても、学びの力で自分らしい人生を生きていけるようになるのです。

レジリエンスという言葉があります。困難や脅威にさらされてもうまく適応できる力、しなやかに生きていく力のことです。固くなって反発するのではなく、大きくしなって元の状態に戻る柳のような力です（モノゴトをいなす力）。

変化が激しい時代なら、その変化に合わせて自分も変化していけばいい。自分の職業がなくなりそうなら、転職しても、独立しても通用しそうなスキルや力を身につける。日本円の価値が下がりそうなら、お金の勉強をする。人生100年時代で長生きしそうなら、健康維持のために運動について学ぶ。その時々で必要な学びをしていけば、どんな変化にも対応できます。

立教大学経営学部教授の中原淳先生は、著書『働く大人のための「学び」の教科書』（かんき出版）で、大人の学びを「自ら行動するなかで経験を蓄積し、次の活躍の舞台に移行することを目指して変化すること」と定義しています。私もその通りだと思います。

学びの先に「変化した自分」が存在するのです。自分にとって興味・関心があること、やりたいこと、必要なことを学んでいたら変化するのです。

そうすると、自分のできること、やれることの枠が少しずつ広がります。持ち運びできるスキルや能力が増えていくイメージです。そして、自分のやりたいことができるようになったり、希望の場所に移動できるようになったりします。

子ども時代の受動的でやらされ感のある学びと違って、大人の学びは自らの手で人生を幸せに、充実させていくためのものです。あなたが希望する未来に連れていってくれるチケットでもあります。そんなチケットを自らつくり出すことができるなんて、すごいことだと思いませんか？

第2章

あなたの学び軸について知ろう

学び軸は何でできているのか。学び軸によって何が手に入るのか。この章では、学びのサイクルを回す学び軸を「学びのジック」にたとえてわかりやすく解説していきます。学び軸とその働きについて知ることは、自分にぴったりの学びを知る最初のステップです。

学び軸が学びのサイクルを回す

学びはインプットとアウトプットの繰り返し

P45のコラム1で、学びとは人生をよりよい方向へ調整し続ける「変化」のことだとお伝えしました。では、この変化はどのようにして起こっているのでしょうか。プログラミングを習得する場合を例にして考えてみましょう（P51／図④）。

このように、学びはインプットとアウトプットを繰り返し、らせんを描きながら進んでいきます。その結果、できなかったことができるようになったり、物事をより多くの視点から見られるようになったりと、あなたの中に変化が起こります。

図④▶学びのサイクル

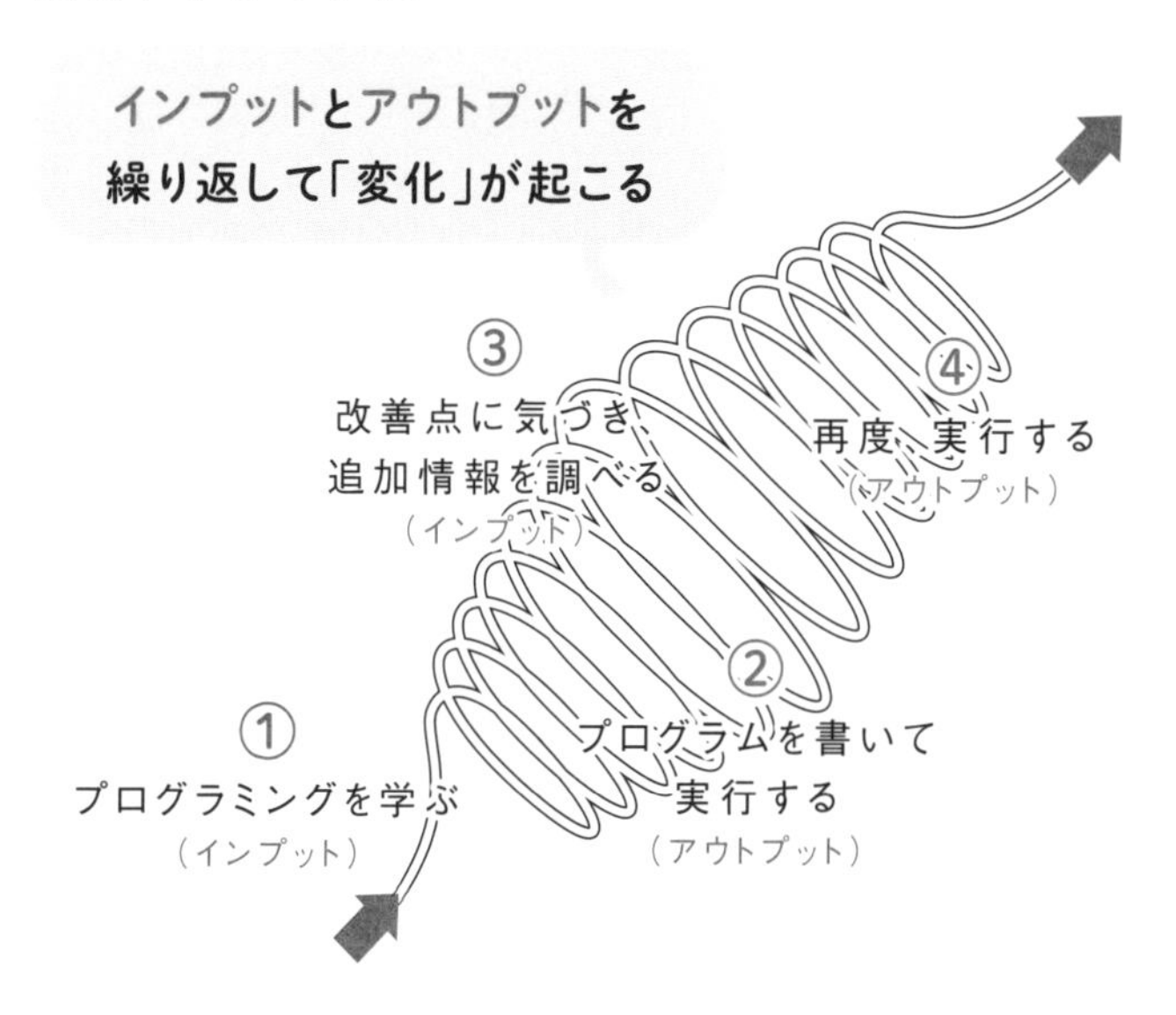

学び軸を構成する要素

大人になってから何を学んだか、どうやって学んだか。

それらを棚卸してきちんと認識することは、あなた自身を理解する大きなヒントになります。なぜなら、**その学びを選んで習得した背景に、あなた自身の学び軸が必ず存在するからです。**

たとえば、前述の学びのサイクルの説明で、プログラミングを例に挙げました。そもそも、プログラミングを選んだのはなぜでしょうか？　なぜ、なぜ、なぜ？　そこには、あなたの「おもしろそう」「やりたい」という心の動きがあります。学びのサイクルの中心には、あなたオリジナルの学び軸があるのです。これをもとに、私たちはさまざまな学びのサイクルを回して成長していきます。

私たちは、その学びによって「何が手に入ったのか」にばかり目が向きがちですが、大事なのは中心にある「なぜ？」の存在です。「なぜそれを学ぶのか？」というデータを分析すれば、自分の学び軸が見えてきます。年齢を重ねるほど学ぶ回数が増えてデータがたまるので、学び軸の解像度が上がり、自分に合った学びを身につけられるようになっていきます。

学び軸は、次の2つの要素で構成されています。

【学び軸の構成要素】

感性：生まれながらにして持っている興味・関心

資質：生まれ持った特性や学ぶ力、価値観、動機

学び軸は、学びのサイクルを回し、私たちが人生を主体的に生きるために必要な武器を手に入れ、装備するための中心軸。私たちは学び軸によって、自分の人生に必要な情報やスキル・能力などをその時々に応じて手に入れたり、入れ替えたりして生きています。人によって千差万別、みんな自分の学び軸を持っています。

学び軸の理解を助ける「学びのジック」

ここからは、学び軸という捉えにくいものを認識しやすくするために、学び軸を擬人化してお伝えしていきます。あなたが持っている学び軸を「学びのジック」と名づけることにしましょう。

ジックはあなたの中にいて、あなたと共に成長してきた幼なじみのような存在です。長年一緒に育ってきたのですが、その存在に気づいている人はあまりいません。

あなたが何かを習得したり、体得したりするときに、スッと前に出てくることがありますが、その存在は見えなくなっていることがほとんどです。過去を振り返ると、チラチラ見え隠れします。とりあえず、そんな感じでイメージしておいてください。

ジックはちょっと変わった頭の形をしています。頭のてっぺんにアンテナが生えているのです。どんな人のジックにも、アンテナは生えています。ただし、アンテナがピカピカと研ぎ澄まされている人もいれば、長年存在を忘れられていたため、さびてしまっている人もいます。

このアンテナにあたるものが「感性」です。感性とは、さまざまなことを感覚的に受け止める性質であり、生まれつき誰にでも備わっています。何に興味・関心を持っているか、何を学びとして自分の中に取り入れるかは、すべてこのアンテナが決めています（P55／図⑤）。

アンテナ（感性）が反応した学びを、実際に習得する際に使われるのが「資質」です。すぐ行動する力、集中して物事に取り組む力など、誰もが持って生まれた資質を使って、学びを自分のものにしています。

ジックの体型は、あなたが持って生まれた資質です。たとえば、手足が長くていろいろな情報を一気に集められるジック。目がよくて、視覚から学ぶのが得意なジッ

図⑤▶学び軸の構成要素

【アンテナの例】

- ファッションが好き
- 健康情報が気になる
- 色の組み合わせにこだわる

アンテナ ➡ 感性

生まれながらにして持っている
興味・関心

【体型の例】

- 手足が長くて情報を一気に集められる（集中力）
- 目から学ぶのが得意（認知特性）
- 足が長くてフットワークが軽い（行動力）
- 爪を大事にしている（美意識）

ク。足が長くてフットワークが軽いジック。みんなそれぞれです（P55／図⑤）。

これらの資質は生まれつきのもので、本人にとっては持っていて当たり前。そのため、自分ではなかなか自覚しにくいのが特徴です。

「感性」が学び軸のスイッチを押す

感性は「なんか好き」という感覚

学び軸で学びのサイクルが回り始めるきっかけとなるのが「感性」です。

感性は、五感や直感に基づくもの。「なんかいい」「なんか好き」と感じる内面の動きのことです。感受性、印象、心地、感情、感度など、幅広い意味を含んでいます。

たとえば、同じような事務仕事をしていても、数字が合うことのスッキリ感に心地よさを感じる人もいれば、上がってくる領収書の明細から、提出した人の行動に興味を持つ人もいます。旅行に行ったとき、現地の食べ物に興味を持つ人もいれば、人との交流、歴史、宿のインテリアに興味を持つ人もいます。このように、同じ行動をしていても感性が何を引き寄せるかは人それぞれです。

誰もが生まれながらにして持っている感性は、意識・無意識の両面から、自分が何かを感じる・知る・わかる・受け入れるときに影響を与えています。「何かを見たり、聞いたりしたときに感覚的に生まれる心の動き」というとわかりやすいかもしれませんね。

世の中には、多くの情報や出来事が転がっています。私たちは、それらの中から「知りたい」「おもしろい」と思うものを自分で選んでキャッチしています。**同じような情報に触れても、同じような出来事が起こっても、人によって反応する・しないやキャッチする内容に違いがあります。これは感性の働きによるものです。**

うまく説明できないけれど、小さい頃からなんとなく興味・関心がある分野があり、現在も仕事としてそれに携わっているという人も多いのではないでしょうか。親や周りにすすめられたり、強制されて違う分野に進んだりしたものの、行き詰まりを感じて結果としてキャリアを変えた（感性が反応する道に戻った）という人もいます。

誰もが持っている感性のアンテナ

感性とは、ジックの頭に生えたアンテナのことです（Ｐ55／図⑤）。

そもそもアンテナとは、電波を空中に放射したり、空気中を伝わってくる電波を受けたりする装置のこと。ここでいう「アンテナ」とは、自分が好きなこと、つまり興味・関心がある対象をキャッチするものです。

情報や出来事に反応することを、私は普段から「アンテナに引っかかる」と表現しています。アンテナは、世の中にあふれる情報の中から、自分が「おもしろい」「興味深い」「やってみたい」「なんか気になる」と感じることをキャッチする働きを持っています。

自分がどんなアンテナ（感性）を持っていて、どんなものに興味・関心があるかは、他人からはわかりません。でも、その感性があるからこそ、私たちは「これを学びたい」と思ったり、学びに対してモチベーションが湧いたりします。アンテナが反応するから、「やってみたい」「もっと知りたい」となり、学びのサイクルが回り始めるのです。

アンテナを理解しておくことが大切

感性は誰もが持っているものですが、「自分のアンテナが何に反応するかをどれくらい自覚しているか」は人によって違います。**自分のアンテナを自覚している人ほど、アンテナの周波数が定まっています。周波数が安定していると、自分にとってよいものをキャッチすることができるので、「アンテナが何に反応するか」を理解しておくことが大事です。**

そこで、あなたのアンテナを知るためのワークをしてみましょう（P61／ワーク①アンテナ発掘シート）。

あなたが偏愛しているモノやコト、好きで詳しいことを項目に分けて書いてみましょう。偏愛というのは、ある特定のモノやコトに飛び抜けた愛を持つことです。

仕事や勉強にまつわること（英語、パソコン、自社製品など）、趣味（映画、漫画、絵画、収集物など）、お金や時間を使ってきたこと（趣味や習い事、推し活など）、疲れていても

ワーク①▶アンテナ発掘シート

1 趣味、人、エンタメ(本、映画など)、音楽、場所、収集品、飲食物、時間を使っていること、お金を使っていることなど、項目ごとにそれぞれテーマを決めて、好きなモノやコトを書き出してみましょう。

2 共通点がありそうなものや、自分のアンテナだと思うものに○をつけてみましょう。

できること、自分にとってのごほうびなど、具体的な項目を挙げて書いていきます。誰かと比べて、「私の『好き』は偏愛とまではいえないから……」という謙遜はここでは不要です。

「アンテナ発掘シート」が書けたら、それを見ながら共通点がありそうなものや、「これが私のアンテナかも」と思うものに○をつけてみます。これらは、あなたのアンテナの一部である可能性大です。

わかりやすいように、見本として具体例を挙げてみます（P63／図⑥）。この人のアンテナの傾向は何だと思いますか？

この人は、自分の肌に触れるものや五感の心地よさに反応する傾向がありそうです。それが香りや下着、旅行など、さまざまな分野で「五感が心地よいと感じるモノ選び」につながっていると考えられるのではないでしょうか。

そのため、自分の肌に触れるものや五感の心地よさを追求することを「おもしろい」と感じ、「知りたい」「学びたい」と感じる傾向がありそうです。ということは、

図⑥▶アンテナ発掘シート（例）

この人のアンテナの傾向は？

健康	旅
ストレッチが好き つい新しい健康器具やサプリを調べてしまう ヨガをずっと習っている いろいろなマッサージを試すのが好き サウナが好き	山登り、ハイキングが好き 緑の多い場所でゆっくりくつろぐ旅が好き 海外旅行より国内旅行が好き
香り	**音楽**
紅茶が好き 香りのいい化粧品が好き おせんべいのにおいが好き 紙のにおいが好き	クラシックコンサートが好きで、会場へよく行く オーケストラが好き 音楽を聞くとワクワクする
お金を使う	**映画**
絹の下着 肌触りのいい靴下 肌にやさしい製品が好き ヘナシャンプーを使用	映画館によく行く 邦画が好き 西川美和監督や河瀨直美監督のしっとりとした映画が好き

今後の学びにおいても、こういったものに興味・関心を持ち、学びのサイクルが回り始める可能性があります。

このように、自分の偏愛するモノやコトを書き出してみると、「自分のアンテナが何をキャッチしているのか」が見えてきます。

生まれ持った「資質」の働きによって学び軸が回り出す

あって当たり前の力だから見えにくい

「資質」とは、生まれつき持っている先天的な力のことで、学びを習得するための特性や学ぶ力のことを指します。具体的には、すぐ行動する力、コツコツやる力、敏感に反応する力、状況を想像する力、集中して取り組む力などです。

人によってそれぞれ異なった資質の組み合わせを持っていて、無意識に当たり前のものとして、その力を使っています。

何かの資格を取る、料理をする、仕事を覚える……など、私たちは人生のあらゆる場面において、資質を活用して必要なものを習得しています。

たとえば、「自転車に乗れるようになりたい」と思ったら、バランスの取り方、足の回し方などを自分の資質で体得します。まず自転車に乗ってみる、自転車の仕組みを知る、補助輪をつけてみる、何度も練習する……など、具体的な行動は人によって異なりますが、「自転車に乗れるようになる」という目的のために資質が発揮されるのです。その結果として、「自転車に乗れる」というスキルが身につきます。


とはいえ、「あなたの資質は何?」と聞かれて、すぐに答えられる人は少ないですよね。**資質は「見えにくい力」なのです。他人だけでなく、自分自身も自分の資質に気づくのは難しいという特徴があります。**

なぜなら、生まれつき持っている特性や性格は、数値化・言語化しにくいからです。また、組み合わせることによって発揮される力なので、「ズバリ、この資質!」と単純に言えないことも影響しています。

資質を知らないと、適した学びが選べない

資質は、ジックの体型にあたります。大事なのは、「自分のジックはどんな体型をしているか」を知ることです。つまり、自分の資質を知ること。ジックが自分の体型を把握できていないと、丈の長すぎるズボンをはいてしまったり、短すぎるスカートなど似合わない服を選んでしまったりします。

「この学びは私にとってオーバースペックだった！」「物足りなかった！」と感じた経験はありませんか？　他にも、ほしい服が手に入れられなかったり（まだまだ実力不足だと判断）、夏に暑い格好をしてしまったり（今じゃない学びを選択）します。

自分の資質への理解が不足しているだけなのに、それで「こんな私はダメ！」と思ってしまうのは非常にもったいないことです。

あなたの資質を探してみよう

では、資質には具体的にどんなものがあるのでしょうか？　わかりやすいように、一部を一覧にしてみました（P69／ワーク②資質発見シート）。

これらの資質の中には、自分が「持っている」とはっきりわかるものと、「持っているかな？　どうだろう？」と、あやふやなものがあるのではないでしょうか。「持っている」とはっきりわかるものに〇をつけてみてください。「全然わからなくて〇をつけられない」という人は、次の「資質を見つけるヒント」の項目を参考にしてみてください。また、一覧の中にない自分が持っている資質が見つかったら書き足してみましょう。

「〇をつけられたよ！」という人は、1つ項目を飛ばして「資質は過去の経験の中に眠っている」（P70）に進んでください。

ワーク②▶資質発見シート

持っている資質に○をして、
ここにないものは
書き足してみましょう。

・開放性	・計画性	・調整力		
・協調性	・柔軟性	・好奇心	・緊張	・
・情動性	・利他性	・独立心	・悲観的	・
・勤勉性	・観察力	・冒険心	・怠惰	・
・誠実性	・想像力	・自律心	・頑固	・
・信頼性	・創造力	・向上心	・繊細	・
・主体性	・集中力	・遊び心	・短気	・
・楽観性	・認識力	・素直	・温厚	・
・積極性	・適応力	・正直	・責任感	・
・消極性	・行動力	・心配性	・几帳面	・
・社交性	・洞察力	・臆病	・真面目	・

資質を見つけるヒント

自分の資質を知るための方法はいくつかあります。手っ取り早いのは、自己分析ツールを使う方法です。自己分析ツールは、多くのデータを集め、それをもとに特性や強みの構造を分解して質問項目をつくっています。そのため、質問に答えていくだけで、自分の特性や強みの傾向がわかります。

具体的には、ビッグファイブ理論（性格を構成する5つの要素の割合を測定）、クリフトンストレングス（自身の強みを34の資質で明らかにする）、本田40式認知特性テスト（感覚器からの情報を整理、記憶、理解する能力の傾向を知る）などがあります。自分のことがよくわからないという人も、これらのツールを使えば自分の傾向がある程度はわかります（P71／図⑦）。

大事なのは、これらの自己分析ツールの結果を見て、占いのように「ふーん。そうなんだ」だけで終わらせないこと。結果を自分の過去の経験や出来事とつなげることで、自分の資質を本当の意味で理解することができます。ぜひ、うまく活用してみてください。

資質は過去の経験の中に眠っている

資質リストや、自己分析ツールの結果をもとに、どうすれば過去の経験や出来事とつなげて自分の資質を見つけ出せるのか。私の例を挙げて解説してみます。

私の資質のひとつに「学習欲」があります。これは、クリフトンストレングス（強み分析）という自己分析ツールで判明しました。もともと本を読むのが好きで、知ら

図⑦▶資質のヒントになる自己分析ツール

名称	説明	書籍・URL
BIG5-BASIC	性格を構成する5つの要素の割合を測定する	https://big5-basic.com
クリフトンストレングス	自身の強みを34の資質で明らかにする	『さあ、才能に目覚めよう』トム・ラス（著）・古谷博子（訳）日本経済新聞出版 https://www.gallup.com/cliftonstrengths/ja
本田40式認知特性テスト	感覚器からの情報を整理、記憶、理解する6タイプの認知特性を明らかにする	https://www.cogtem.com/services/service-h40/
16パーソナリティ因子質問紙	根源特性の高低から、パーソナリティの傾向を知る	https://onl.bz/qyRc8k9
ジーニアスファインダー	才能を見つける、天才性を発掘する	『ジーニアスファインダー 自分だけの才能の見つけ方』山口揚平（著）SBクリエイティブ

ないことを知るのが好きでしたが、分析結果によってはっきり認識できるようになりました。

この「学習欲」とは、「知らなかった」を「知っている」に変えていく階段状のプロセスを楽しむ資質です。自分の知らないことを知ること、謎を解き明かすことが好き。知らないことを知っていく過程が楽しく、調べたり、勉強したり、考えたりする作業が苦ではありません。しかし、それまでの私は、自分の中にあるその力に全然気づいていませんでした。

私は小学生のときから、「同じ人間なのに、考え方や行動が異なる人がいるのはなぜだろう？」と疑問に思っていました。私にとって大きな謎のひとつであり、昔からアンテナ（感性）に引っかかるテーマです。

そんな私は高校生のとき、大学の入試案内を見ていて、「人の心や内面に興味があるなら、心理学という学問を勉強すればいいのか」と気づきます。そして、「カウンセラーになれば、ずっと人の内面と向き合う仕事ができる。おもしろそう！」という安易な発想で大学に進学し、心理学を専攻しました。

臨床心理士の資格を取るには大学院に進学する必要がありましたが、大学3年生で進路を選ぶ際、進学する道は選びませんでした。学問として心理学を学ぶ中で、カウンセラーとして仕事をしている人の話を聞き、「私は誰かのメンタルヘルスのつまずきと回復に、年単位で寄り添うカウンセラーになりたいわけではなく、謎解きの対象として人に興味があるだけなんだな」と気づいたからです。

その後、私は就職活動を行い、心理学と関連のない民間企業に就職しました。転勤が多い職場だったため、新たな場所に住み、新しい仕事を覚える機会がたくさんありました。変化が多い環境を嫌がる人もいそうですが、私にはむしろ合っていました。

「学習欲」という資質を持っている私にとって、常に新しい学びがあふれている環境は刺激的でおもしろかったのです。

資質を深掘りしてみよう

皆さんにも、このような資質に関する経験、出来事が過去に眠っているはずです。前出のワーク②「資質発見シート」（P69）や自己分析ツールの結果を、自分の経験、出来事と照らし合わせてみると気づきがあります。

ここで、資質を深掘りするワークをやってみましょう。

P74のワーク③「資質深掘りシート」の例（図⑧）を参考に、ワークシートに質問の答えと資質に関する気づきを書き出してみてください。

学生時代よりも、大人になった今のほうが過去のサンプルがたまっているため、振り返ったときに気づきが多いはずです。資質をつかまえるべく、掘り下げて書いてみましょう。

ワーク③▶資質深掘りシート

質問	答え	資質に関する気づきは?
進路やキャリアを選択するとき、どんな動機があったか?		
どんな学びなら楽しくできたか?		
どんな学びに苦労したか?		
自分の学びで疑問に思っていたことや違和感を持っていたことは?		
好きだった仕事は? うまくいかなかった仕事は?		

図⑧▶資質深掘りシート(例)

質問	答え	資質に関する気づきは?
進路やキャリアを選択するとき、どんな動機があったか?	人の心が知りたいと思って心理学を専攻した(しかしカウンセラーは向いていないと思って、企業に就職した)。	「人の心を知りたい」という動機には学習欲が隠れているのかも。
どんな学びなら楽しくできたか?	知らないことや知りたいことはとことん調べる。教科書に書かれていない追加情報を知るのが楽しい。	集中力や情報収集力はありそう。こんな情報があるかも?という想像力もありそう。
どんな学びに苦労したか?	興味が持てないことを勉強するのが苦手。暗記系。人に教えるのも好きではない。	勤勉性がない? 成長促進の欲求や協調性がないのかも。
自分の学びで疑問に思っていたことや違和感を持っていたことは?	勉強が嫌いではないのに、テストの点数が低い。口頭試問などは強い。	興味の有無によるムラが大きい。学習欲だけでカバーできないものがある。ケアレスミスが多いので、慎重さが足りないのだろう。
好きだった仕事は? うまくいかなかった仕事は?	好きなのは、情報があまりない中で、仮説検証をしていくような新規立ち上げ事業。うまくいかないのは、教育系や指導系の仕事。	知らないことを知るということに、想像力や集中力が発揮される。

学び軸を回すことによって手に入るもの

学びの結果として得られる要素

「感性」「資質」で構成された学び軸。この学び軸が回り出すと、次の2つの要素が新たに手に入ります。

【学び軸によって手に入るもの】

スキル・能力：資質を使って手に入れてきた生きるために必要なスキル・能力（知識も含む）

センス：感性を使って手に入れてきた物事に対する審美眼

「学びの引き出し」の中身はこれ

学び軸は、まずアンテナ（感性）が反応することによって回り始めます。学び軸が回ることによって手に入るのが、「スキル・能力」です。ジックでいうと、服や帽子などのファッションアイテムです。第1章で出てきた「学びの引き出し」に入っているものですね。

かっちりとしたスーツ（誰もが認める権威性のある資格）、おしゃれなワンピース（おしゃれなデザインを生み出すデザイナーのスキル）。ファッションなので、必要に応じて服を脱いだり着たり（資格や経験の入れ替え）、追加で必要な帽子（語学や会計知識など）を手に入れたり、毎日靴（読書など）をはき替えてみたり、自分で好きに組み合わせることができます。

手に入れようと思って取り組んだこと（学歴や資格など）もあれば、必要にかられてやっているうちにできるようになったこと（家事・育児スキルなんてまさに！）など種類はいろいろとありますが、「学びの引き出し」の中身は、あなたが学び軸を回して手に入れたものです。

学び軸が回るたびに磨かれていくもの

アンテナを繰り返し使い、学び軸がたくさん回ることで育つのが「センス」です。

「感性」が興味・関心の対象を何度もインプットすることによって、その分野、物事の審美眼、つまり「センス」が磨かれます。

たとえば、あなたは小さい頃から蝶に興味があったとします。理由はよくわからないけれど、羽の色の美しさに心引かれる。これは「感性」によるものです。

そのため、あなたは幼少期から虫捕り網を持ち歩き、蝶をたくさんつかまえて標本をつくりました。そして、多くの蝶を見てきた結果、蝶を見分ける「センス」が磨かれました。普通の人が見たら「モンシロチョウ?」となるところを、一瞬で「あれはキアゲハだ!」とわかる審美眼です（生物学者の福岡伸一さんを題材にした話）。

ジックにたとえると、「センス」はアンテナの周波数にあたります。周波数が定まることで、よりよいもの、自分にとって必要な学びを選べるようになるのです。

2つの要素が手に入るプロセス

ジックのアンテナが興味・関心の対象をキャッチすると、ジックは学びを習得するために動き始めます。自分の体型を生かして、バレリーナのようにくるりと回転しながら、学びのサイクル（インプット&アウトプット）を回すのです。もちろん、すべてがうまく進むとは限りません。転ぶこともあるし、重心が安定せず、立ち止まることもある。時間のかかり方も毎回違います。

それでも、自分なりにサイクルを回して試行錯誤すれば、ジックは新たなファッションやアイテムを手に入れます。すると、そのとき着ていた服は「学びの引き出し」に収納されたり、新しい服とコーディネートされたりします。この試行錯誤の回数が多ければ多いほど、センスも磨かれます（P79／図⑨）。

センスとは物事に対する審美眼のこと。センスが磨かれるということは、自分が

図⑨▶学び軸が回る仕組み

「よい」と感じるものに、周波数がバチッと合うようになることです。アンテナの誤作動を防ぐことにもつながります。

皆さんは、自分のアンテナが作動する分野をいくつか持っていますよね。アンテナがキャッチする周波数は分野によって異なります。しかし、センスが磨かれるということは、1つの分野だけでなく、関連する複数の分野にも周波数のチューニングが合っていくことになるのです。

たとえば、「あの人センスあるよね」という人は、1つの分野に特化しているというより、関連分野においても「センスがある」人なのではないでしょうか。

それは、自分のアンテナが作動するたびに、ちゃんと学び軸を回してきたからです。**学びのサイクルをたくさん回すほどアンテナの周波数が安定し、しかも複数の分野へのチューニングがうまくいくようになります。**

外から見えやすく評価されやすい「スキル・能力」

スキル・能力は数えきれないほどある

では、「学びの引き出し」に入っているファッションやアイテムは何かを、もっと具体的に見ていきましょう。学び軸を回すことで手に入る「スキル・能力」とはどういうものなのでしょうか。

私たちはみんな、生まれたときは何のスキルも能力も持っていませんでした。そこから学び軸を使って、歩いたり、走ったり、鉛筆を持ったり、知識を習得したり、学校へ行ったり、好きなものを楽しんだり、困難を乗り越えたりして大人になっていきます。**人生を歩む過程で、資質を使って手に入れてきたものが「スキル・能力」です。**

数値で証明できるものとしては、知識や技能、学歴や資格などがあてはまります。出身大学、TOEIC®のスコア、公認会計士の資格、技能を教える資格、PCやプログラミングのスキル、経理のスキルなど、履歴書に書けるものならすぐに思い浮かぶのではないでしょうか。

これらは誰から見てもわかりやすいものです。有名なファッションブランドのロゴやブランド名が目に見える位置についていたり、デザインの特徴から「あ、〇〇だ」とすぐわかったりするような服です。

そのほか、文章読解力や討論力、批判的思考力、問題解決力、リーダーシップなどの非認知的な能力から、海外旅行で困らない英会話力、冷蔵庫にあるものだけで夕飯の献立を組み立てる力や献立の知識など、「え？　そんなスキルも？」というようなニッチなものまで含みます（P83／図⑩）。

これらは人の目から見てわかりやすいスキル・能力ではありません。「学びの引き出し」にたたんで収納してある服のようなものです。決して目立つ服ではないけれど、着心地がよかったり、ベースとして合わせやすかったりします。

図⑩▶スキル・能力リスト

目標設定(力・スキル)	情報収集力	健康管理力
情報把握(力・スキル)	人間関係構築力	ストレス管理力
論理的思考(力・スキル)	臨機応変力	語学力
計画策定(力・スキル)	企画力	社交スキル
リスク管理(力・スキル)	表現力	生活構築力
コスト管理(力・スキル)	継続力	自己管理力
リスクマネジメント(力・スキル)	洞察力	感情管理力
プレゼンテーション(力・スキル)	交渉力	問題解決力
マーケティング(力・スキル)	観察力	問題設定力
チームビルディング(力・スキル)	察知力	ラテラルシンキング
コミュニケーション(力・スキル)	提案力	ロジカルシンキング
マネジメント(力・スキル)	実行力	モチベーションスキル
タイムマネジメント(力・スキル)	傾聴力	専門分野に特化したスキル
ビジネスプランニング(力・スキル)	対話力	生活に特化したスキル
ヒアリング(力・スキル)	訴求力	ライフイベントに特化したスキル
リーダーシップ(力・スキル)	受容力	経験に特化したスキル
フォロワーシップ(力・スキル)	決断力	その他いろいろ

目立つ服ではないので、使わない期間が長くなると持っていることを忘れてしまったり、引き出しの奥に入り込んでしまったりすることもあります。

スキル・能力はあなたが積み上げてきたもの

スキル・能力が、自分とまったく同じ組み合わせの人はいません。ファッションでたとえるなら、同じ服を着ていても、コーディネートから小物使いまで一緒の人がいないのと同じです。

【例】

- **英語×会計×わかりやすく話す力×リーダーシップ＝外資系メーカーの部長**
- **ピアノ×問題解決力×子育てのスキル＝リトミック講師**

スキル・能力の組み合わせのパターンは、年齢を重ねれば重ねるほど複雑かつ多層的になっていきます。

「私は何も学んできていない」と言う方がいますが、学んでいないのではなく、学び軸がくっきりしていないがために、「学びの引き出し」を認識できていないだけです。学び軸の自己理解が不足していて、「学びの引き出し」から今の自分に必要なスキル・能力を引き出せていないだけなのです。

高校までは、ほぼ一律の学習をしてきた人が多いので、20歳そこそこだと学力以外の差が出にくいですが、40歳くらいになると、人によって持っているスキル・能力が大きく異なってきます。年を取れば取るほど増えていくし、人によってオリジナル性が出てきます。その人が人生を通じて得てきたスキル・能力の組み合わせによる違いともいえます。

資質とスキル・能力の違い

「資質」と「スキル・能力」をどう線引きするかは、ざっくりいうと、先天的（持って生まれたもの）か、後天的（あとから身につけたもの）かの違いです。「特性・能力」の

図⑪▶資質とスキル・能力の違い

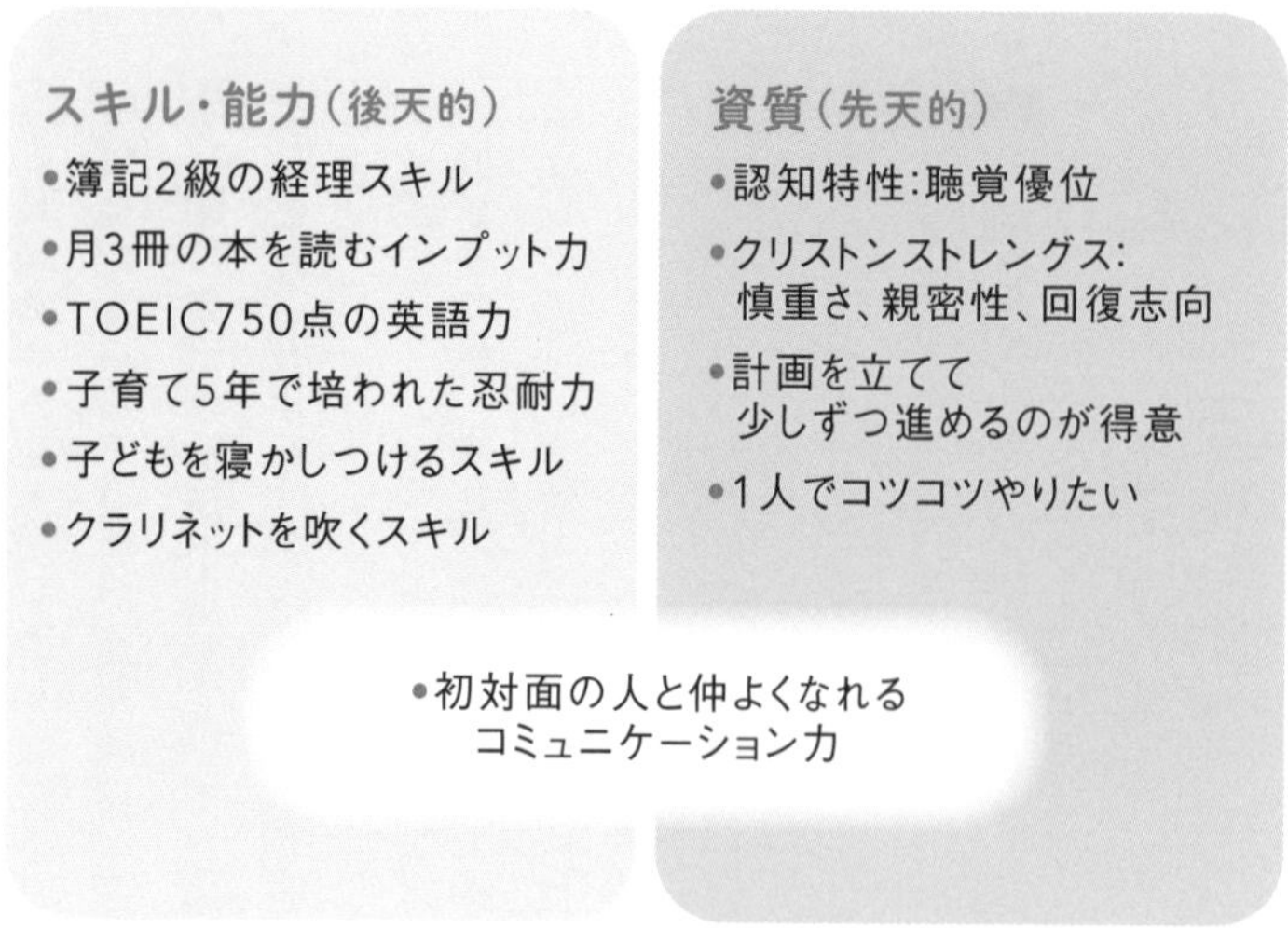

スキル・能力（後天的）	資質（先天的）
•簿記2級の経理スキル •月3冊の本を読むインプット力 •TOEIC750点の英語力 •子育て5年で培われた忍耐力 •子どもを寝かしつけるスキル •クラリネットを吹くスキル	•認知特性:聴覚優位 •クリストンストレングス:慎重さ、親密性、回復志向 •計画を立てて少しずつ進めるのが得意 •1人でコツコツやりたい

•初対面の人と仲よくなれるコミュニケーション力

種類によって必ずどちらか一方に振り分けられるわけではなく、両方に当てはまるものもあります（図⑪）。

たとえば、もともとコミュニケーション力に長けている人もいますが、長年接客業に従事していてコミュニケーション力が向上した人もいますよね。同じコミュニケーション力であっても、「資質」として持っている人もいれば、「スキル・能力」として持っている人もいるということです。1つの「特性・才能」が「資質」「スキル・能力」の両方にグラデーションのように存在している人もいます。

目には見えないけれど重要な「センス」

センスは後天的に磨かれる

学び軸の起点となるのは感性、つまりジックのアンテナです。アンテナが発動すればするほど身につくのが「センス」です。アンテナは1つしかなく、先天的なものです。しかし、センスは違います。

センスとは、感性が興味・関心の対象を選ぶことによって育っていくもので、美的センスや音楽的センス、ファッションセンス、社交センスなど、魅力的なものを見つけ出す審美眼のことを指します。感性は生まれつき持っているものですが、センスは経験によって変化し、育ちます。

たとえば、ある人がクラシック音楽に興味・関心を持つ感性を持っていたとします。すると、クラシック音楽をたくさん聞くので、曲名、作曲家、指揮者、楽器ごとの美しい音色について詳しくなっていきます。その結果、クラシック音楽の目利きができるようになる。つまり、その分野のセンスが育っていくのです。

おしゃれな人（純粋にファッションの話です）は、最初からおしゃれなのではなく、おしゃれに興味・関心を持つ感性を持っているから、服に触れる機会が増えて、結果としてセンスがいい着こなしになっていくのです。

センスはアンテナの周波数

センスは、ジックのアンテナの周波数にあたります。**アンテナの周波数をはっきりさせるために大事なのは、自分の興味・関心を掘り下げることです。**何をおもしろいと思うのか、何を知りたいと思うのか。

自分の感性への理解が深まっている人は、アンテナが受信する周波数がはっきりしているので、自分の興味・関心に合致するものをキャッチできます。一方、感性を気にかけてこなかった人は、周波数が安定せず、自分の興味・関心に反応するものをうまくキャッチできなかったり、誤作動で受信しなくてもいい流行や他人の電波までキャッチしてしまったりします。

アンテナの周波数が安定している人は、自分のアンテナに必要な情報をしっかりキャッチするし、いらないものはスルーできるので、迷うことが少なくなります。一方、アンテナの周波数が弱い・不安定な人は、キャッチする力が弱いので、たくさんの情報の中から自分のアンテナに合うものを拾えず、情報選択の迷子になりがちです。あれもこれもそれも！と目移りする人は、単純に自分が本当にほしいものがよくわかっていないだけだったりします。

アンテナからセンスを掘り起こす

ワーク①「アンテナ発掘シート」（P61）をもう一度見てみましょう。ここから自分のセンス、もしくはセンスの種を掘り起こしてみます。
このシートの中で、次に該当するものにチェックをしていきます。

- **人からほめられたこと、「センスいいね」「それいいね」（持っているものや、会話で出てきたことなど）と言われたこと**
- **人から「教えてほしい」と言われたこと、「どこで買ったの？」「〇〇したいんだけど、何がいいと思う？」（旅先、服の選び方など）と聞かれたこと**
- **これだけは人より自信があると思うコト・モノ（紅茶についてわかる、雨が降る気配がわかるなど）**

例として、「自分の肌に触れるものや五感の心地よさ」にアンテナが立っている人のシートを使ってみましょう（P63／図⑥）。

この例を書いた人は「肌感覚」に敏感でしたね。そのためチェックを入れているうちに、「友だちから『安くて素材がいい下着メーカーを教えて』と言われたな」「服の素材選びには少し自信があるな」と思い出し、「ああ、自分は服選びや素材選びのセンスがあるのかも」と気づくかもしれません。

自分では当たり前だと思っていることも、他人からは「センスがある（自分にはない審美眼を持っている）」と認識されていることがあります。これらに自覚的になっていくことで、アンテナの周波数が定まっていくのです。

ジックのファッションのコツ

さて、ジックに話を戻します。あなたのジックは、人に注目されるファッション（スキル・能力）を身につける必要はありません。アンテナ（感性）がキャッチするものを大事にし、自分の体型（資質）を理解して、いろいろな服（スキル・能力）を手に入れながら、アンテナの周波数（センス）を安定させていくほうが、自分らしい学びができるでしょう。

それが結果として、自分の短所をカバーしたり、長所を伸ばしたりすることにもつながります。そのファッションは、あなたにしかできないものですし、あなたのオリジナルだからこそ価値があるのです。

Column

2

アンケートでわかった「学びのハードル」

大人の学びは、誰からも強制・矯正されることはありません。そのため、自分のやりたいことがはっきりしている人や、興味があることに意欲的な人は、放っておいても勝手に学んでいきます。その一方で、学びたい気持ちはあるのに「何を学んだらいいのかわからない」という人たちもいますよね。

大人の学びが進む人と進まない人、その違いはどこにあるのでしょうか。

気になったので、私のインスタグラム（フォロワー数約2万人、85%が女性、25歳～44歳が82%）のストーリーズでアンケートをしてみたところ、24時間で１０６６人が回答してくれました。精度は高くないですが、傾向を知ることはできます。

「あなたの学びが始まらない、続かない、ハードルは何？」という質問に、１６６

個の回答がありました（自由記述、重複あり）。これらの回答を大きく分類すると、次の3つに集約されます。

①やりたいことがわからない
②時間がない、体力がない
③飽きる、いつの間にかやらなくなっている

この3つの「学びのハードル」を見て、「わかる！」と思った方もたくさんいるのではないでしょうか。**いくら周りから「学びが大事」と言われて、本人に学びたい気持ちがあったとしても、ハードルがあると人間は動けないのです。**

ちなみに、この3つの「できない」には、共通する原因があります。それは何だと思いますか？

チッチッチ（時計ね）。

正解は「自己理解」です。この3つの「できない」の裏には、共通して自己理解不足が潜んでいます。

ちなみに、私はこの3つすべてにつまずいた経験があります。社会人になりたての20代は、自分のことがよくわかっていなくて、①の何をやったらいいのかわからない状態でした。

息子2人が保育園児だったときは、②のリソース不足に陥りやすい状況でした。時間がなく、疲れていて学ぶ気力が湧かないだけなのに、私はダメだと思っていました。

現在は、あれもこれもと衝動的に興味を持ちがちで、③の飽きる状態になりやすい。そのため、何かをやりたいと思っても「待て待て」と一時停止し、衝動にかられていないか自問自答するようにしています。

学びは自分の世界を広げてくれます。自分を外側へと広げるだけではなく、自己理解という形で自分の内側の世界も広げてくれます。この①〜③でつまずく人は、まずは何を学ぶか、どう学ぶかよりも、自分の内側へ目を向けることが「学びのハードル」を越えるための一歩になります。

学びには2つの段階があります。まず、自己理解を通じて自分の内側をたどり、そこから「どんな自分でありたいか」を学ぶ段階。次に、今の自分から「ありたい自分」へと外に向かって伸びる道をたどりながら、必要なものを学ぶ段階。

一気に進まなくてもいい。人生は長いのです。大人の学びは、まず自分の内側をたどる自己理解という学びからじっくり始めていきましょう。

第3章

学び軸のデータを集めよう

学び軸について知ったら、次は学び軸のデータを集めて自己理解を深めていきましょう。理解するのが一番難しいのが、実は自分自身かもしれません。この章でご紹介する「自己理解のステップ」は、今日から1日5分で始められて、自己理解が深まる超具体的なメソッドです。

自己理解を深めると学び軸が見えてくる

まずは学び軸の存在を知ることから

第2章で、あなたの「学びのジック」は見えてきましたか？「ワークをやってみたけど、うまく書けなかった」という人もいるかもしれませんね。

これまであなたの中にずっといたとはいえ、今までジックを認識したことがなければ、「どのような姿形をしていて、何が好きで、何が得意で、どのタイミングで笑ったり怒ったりするのか？」がわからなくても当然です。

でも、大丈夫。ジックの存在を知ることが、主体的に学び軸を回すためのはじめの一歩です。ジックを知っていく過程で、今までなんとなく「こうするとうまくいく」「こういう学びはどうも気が乗らない」と感じていたことが、「あ！　私にはこういう資質があったからか！」と認識できるようになります（私の学習欲なんて、まさにそうですね）。そして、ジックについて知れば知るほど、一緒に成長しやすくなります。

ここまでのワークは、あなたの学び軸、つまりジックの存在を認識するためのものです。ここからは、ジックをさらに知っていく過程に進みます。

自己理解とは

自分の体型をよくわかっていない、自分に似合う色やデザインがわかっていない、自分が好きなファッションもわかっていない、自分に関する情報不足のジック。年齢を重ねてきた今、どんなファッションをすればいいのか迷います。

自分のことを知らないので、選択基準が曖昧で決断できません。どんな服がいいのかわからなくて、他人のおすすめをうのみにしたり、とりあえず流行に乗ってみたりした経験、皆さんにもありますよね。

ジックが身につけるファッションは、私たちにとってのスキル・能力です。どんなスキル・能力を身につけたらいいのかわからない人は、ジックが「何を着たらいいのかわからない」のと同じ状況です。**両者に共通するのは、新しい何かを身につける前に「自分のことを知らない」という落とし穴にはまっている点。つまり、自己理解不足が潜んでいるのです。**

「自己理解」は、とても大事な概念なので、改めて定義を確認しておきましょう。

自己理解：いくつかの手段により自分の気質、性格、ある種のタイプ、価値観、考え方、態度・行動などを深く知り、それを自分自身が納得して受け止めている状態のこと（内閣府「ユースアドバイザー養成プログラム」より）。

ふむふむ。自覚的に自分自身を知るということですね。「なぜその行動をしたの？なぜそれを選んだの？　そのとき何を考えたの？」と自分に問うてみる。ボーッと過ごしていると日々は流れていってしまいますが、そこを「えいっ！」とつかまえる。キャッチ・アンド・自己理解。「自覚的に行う」という点が大事なようです。

では、自己理解はどのようにして深めていけばいいのでしょうか。まずは、あなた自身の過去のデータ、これからのデータを意識的に集めてみることです。データを集めることで、自分がどういう人間なのかだんだんと見えてきます。

過去のデータを分析する

自己理解を深める際の一番のビッグデータは「過去」です。過去には、自分がどんなことに興味・関心を持っていたのか(感性)、新しいことをどのようにして習得してきたのか(資質)といった、あなたの学び軸の情報が詰まっています。

データを集めて自己理解を深めることで、よりよい環境設定や行動の選択ができるようになっていきます。

人は年齢を重ねていくだけで、学び軸を知るためのデータが年々増えていきます。

若いうちは、アンテナの誤作動で学び軸がうまく回らなかったときや、たまたまうまく回ったときもあったはず。それらも含めてデータがたまっています。

そのデータを分析すれば、自分の学び軸が見えてきます。ということは、**年齢を重ねるほどデータはたまり、そのデータをもとに、自分に合った学びを身につけられるようになっていくということです。**実際、若い頃より年齢を重ねた今のほうが自分のことがわかるようになった、生きやすくなったという人も多いのではないでしょうか。学び軸について知らなくても、感覚知として多くの人が感じていることだと思います。この無意識に感じている「自分はこういう人だ」という感覚をつかまえて掘り下げてみるのです。

皆さんにも、過去の経験を思い返して「今ならうまくできると思うこと（失敗）」「うまくいったけど、理由がわからないこと（未分析）」がありませんか？　こういった過去のデータも、今改めて分析してみると、自分の「好き」「嫌い」「向き」「不向き」を知る手がかりになります。

では、当時は失敗したけど「今ならうまくできると思うこと」を私の失敗を例にして掘り下げてみます。20代前半の頃、「社会人のたしなみとして字がきれいなのに越したことはない」と思い、通信教育の筆ペン講座（1年間）を申し込みました。「習字は子ども時代に好きな習い事だったし、週1回程度ならきっとできる！」と思って、一括払いしたわけです。しかし、結局やったのは1回だけ。残りは段ボールに入ったままホコリをかぶり、引っ越しの際にそのまま処分したという経験があります。

今振り返ると、習字は好き（感性）でも、1人でやる通信教育は不向き、教室に行くなら続く、締め切りが必要（資質）といった自分（学び軸）が見えてきます。きっと、今私が筆ペンを習うなら教室を探すし、毎週火曜日など決まった時間を選ぶし、メンバーが固定されているほうが続くとわかります。同じ失敗はしないでしょう。

データが集まってくると、自分の内側にいたジックの存在に気がつき、意識を向けられるようになります。すると、「ジックはどんな体型？ 今何を着ている？ あ、アンテナがある！」と、徐々に細かいところにまで目が向くようになります。すると、ジックは「学びの引き出し」を自在に活用しながら自分に似合うファッション（スキル・能力）を身につけ、いきいきと自分らしく生きていけるようになるのです（P104／図⑫）。

図⑫▶自己理解による変化

過去を棚卸しする
（たまったデータを分析する）

学び軸がはっきりする
（感性、資質がわかる）

「学びの引き出し」の中にあるものがわかる
（今あるスキル・能力がわかる）

「学びの引き出し」の中に必要なものがわかる
（必要なスキル・能力がわかる）

学び軸に従って学びを選び、
習得することができる

自分らしく生きていける

「○○が好き」を掘り下げてみる

自己理解にはコツがあります。それは、**1つの側面から「自分はこういう人間だ」と決めつけず、いろいろな側面から理解していく**ということです。自己理解が深まると、最初は平面で捉えていたことが複数の面に増えて立体になり、最後は多面体、なんなら球体にまで変化していくかもしれません。

たとえば、あなたが「泳ぐのが好き」だったとします。自己理解が浅いときは、好きな理由を「楽しいから」としか認知していなかったりします。しかし、過去のデータを検索してみると、こんな情報が上がってくるかもしれません。

- **小さい頃から水に触れるのが好きだった。**
- **頭からシャワーをかけられても泣かず、親に「すごい！」と言われた。**
- **学校のプールの授業が好きだった。**
- **水を浴びるとスッキリする感覚がある。**

「泳ぐのが好き」の背景に「水に触れるのが好き」という感性が見えてきそうですね。さらに掘り下げて、「泳ぐのが好き」と感じる瞬間をデータとして集めていくと、さまざまな理由が見えてきます。

- **泳ぐ前のワクワク感がいいな。**
- **決めた距離を泳ぎ切ったときの達成感が爽快だな。**
- **泳ぐ前に頭の中で体力の配分ペースを計画するのが楽しいな。**
- **泳いだあとのだるさが、身体にいいことをした感じがして好きだな。**
- **クロールが苦手だったけど、練習してうまく泳げるようになっていくのが楽しいな。**
- **週1回泳ぐと体調がいいな。**

自己理解を深める習慣がある人は、このように「なぜそれが好きなのか」を自然と掘り下げているのです。

自分が行動したり、感情が動いたりしたときに、その理由を考えてみる。プールで泳ぎながら「泳ぐのが好きと感じる瞬間のデータ」を集め、それについて考える。だからこそ、「なぜ毎週プールに行っているの?」と問われたら、その理由がいくつも出てくるんですよね。

自覚的にしろ、無自覚的にしろ、日頃から自分に対して「なぜ?」という問いを立てる習慣のある人(=自己理解を深める習慣がある人)は、これまでのワークもうまく書けたのではないでしょうか。

人間は過去の経験や持っている知識からしか物事を判断できません。そこから自分にとって「向いていること」「楽しいこと」「やりたいこと」を判断して、未来の行動を選んでいます。そのため、このように過去のデータを集めることは、未来をどう選ぶかに関わってくるので、とても大事です。

年齢を重ねれば重ねるほど、学び軸のデータはたまっていきます。しかし、意識しないと、せっかくのデータもただのデッドストックになってしまいます。

では、どうすればいいのか? まずは、ストックデータの棚卸しをすればいいのです。第2章で詳しく紹介した「学び軸を掘り起こしていく過程」は、まさに棚卸しです。その次に、これからも生きている限りデータはたまっていくので、それをためる方法やデッドストック化させない術を知ればいいのです。

これからのデータを意識的に集める

次の項目からは、過去ではなくこれからのデータをどうやって集め、自己理解に生かしていくかについてお伝えしていきます。「自己理解」と聞くと難しく感じるかもしれませんが、やることは次の3つだけです。

【自己理解のステップ】

① ログを取る
② 気づきを得る
③ 自分を知る

自己理解のステップ①
ログを取る

学び軸のデータを集める方法

自分を理解するためのデータは、意識的にストックしていく必要があります。**データを意識的にストックする習慣を持つと、あなたの学び軸はますますくっきりし、「学びの引き出し」に何を入れればいいか、迷わず選べるようになるでしょう。**

では、具体的にどのようにしてデータを集めればいいのか。コンピュータがどんな動作をしていたかを記録として残すことを「ログを取る」といいますが、まずはそれと同じことを行って自分のデータを集めていきます。

自分の行動や経験を記録するというと、日記や手帳を思い浮かべる人も多いかもしれません。「幼少期から日記を書いています」という人は、このステップ①を飛ばして、「ステップ② 気づきを得る」に進んでいただいても問題ありません。

日記や手帳が続かない理由

まず、なぜ日記や夢をかなえる系の手帳が続かないのかについて考えてみましょう。日記や手帳には、自分の「感想・考え・感じたこと」を書くものだと思い込んでいませんか？　そのため「書けない、書くことがない」という人が多いのではないでしょうか。少しは書けるかもしれませんが、普段から「感想・考え・感じたこと」をつかまえるのに慣れていない人は、時間がかかったり、面倒になったりして、結局書き続けることができなくなってしまいます。

なぜ書けなくなってしまうのか？　書く段階で、すでに「ステップ③ 自分を知る」に進もうとしてしまっているからです。ログを取るだけでいいのに、一段飛ばしでかけ上がってしまっている。だから書けないし、続かないし、嫌になってしまうのです。では、どうすればいいのでしょうか？

やったこと、起きたこと、結果や事実だけをただ書いていく。これで十分です。

今日何をしたのか、何が起きたのかという「事実」なら誰でも書けます。会社に行った、ミーティングでプレゼンした、手紙を出した、メールを返信した、年末の宿の検索をした、といった事実は書ける！

実は、私はもともと日記や手帳が続かない人でした。毎年、年初は張り切って書くものの、春先にはページが真っ白。年末には処分し、新しい手帳購入というリセットボタンを押す有様。しかし、自分の書く力を過信せずに、淡々と「事実だけを書く」ようにしてから毎日書けるようになり、それからすでに何年も継続しています。

ログ取りを継続するポイント

ここでログ取りを継続して行うための4つのポイントと、私が実際に行っている方法をご紹介します。

①負担がかからない方法で行う

ワンアクションで書ける環境をつくっています。私はスマホの日記アプリと、PC前に置きっぱなしの手帳でログ取りを行っています。

②複雑なルールをつくらない

忘れる日があってもよし。文字数やペンの色を決めたりせず、シンプルな運営方針にして継続することを大切にしています。

③毎日の習慣に組み込む

日記アプリで20時にアラームを鳴らし、アラームを止めたらそのままその日のことを書きます（P113／図⑬）。手帳は、毎朝PCの電源を入れる前に書いています。

④書きたいことを書く

書く内容を決めず、時系列ではなく、記憶に強く残っている順番で書きたいことを

図⑬▶日記アプリのログ

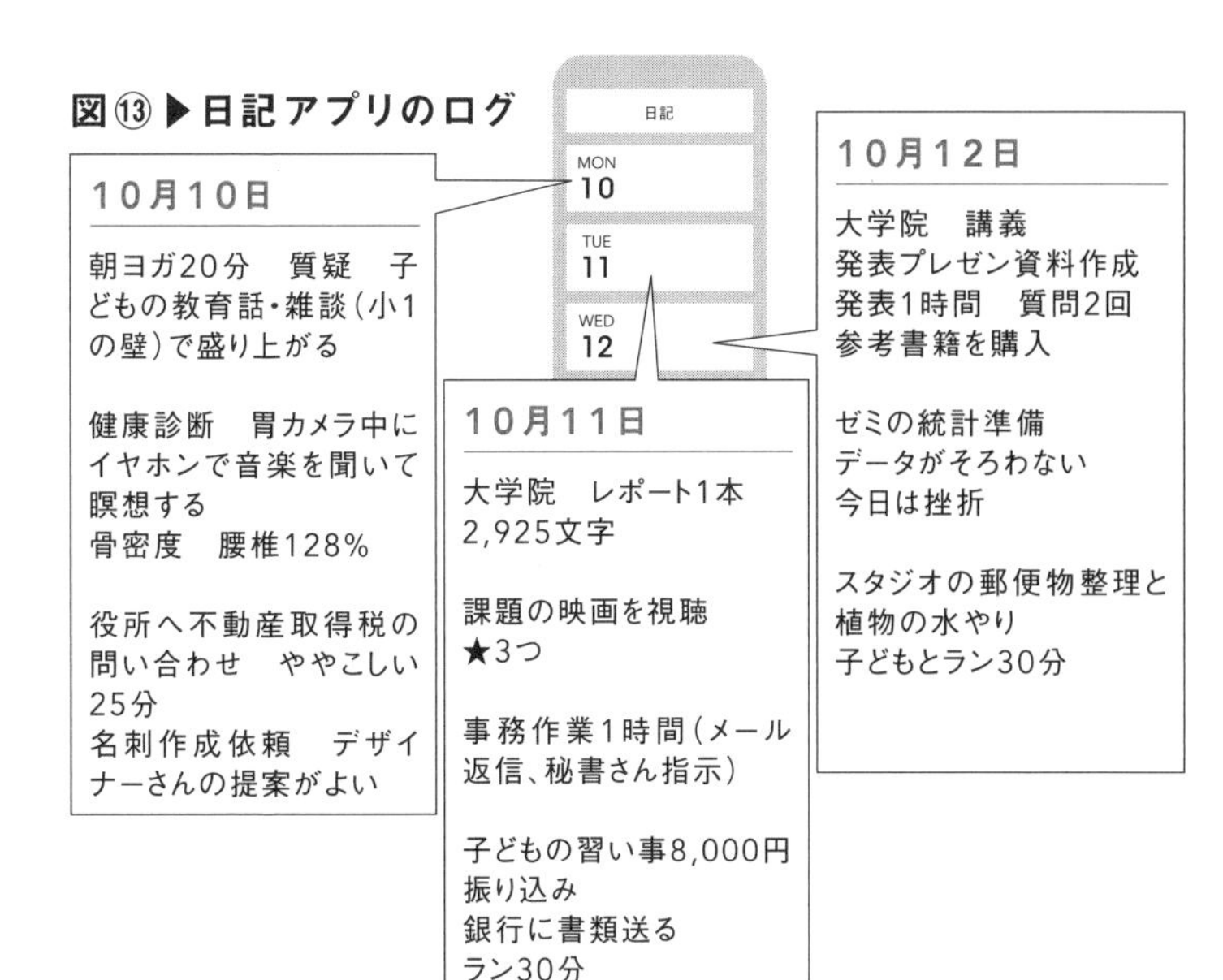

書いています。

人によって、負担がかからない（紙またはデジタル、場所、時間）、複雑にしない（ルール、ツールの使い分け）、毎日の習慣に組み込む（アラーム活用、通勤時間と組み合わせるなど）ための方法は違いますが、いろいろ試しながら、自分に合う方法を見つけてみてください。

自己理解のステップ②
気づきを得る

ログとログの間につながりを見つける

ここまでは自分のデータを集める方法、つまりログ取りの話でしたが、次はログとログの間にあるつながりを見つけて、そこから「気づきを得る」というステップに進みます。

複数の情報があると、人は必ずそこになんらかのつながりを見つけます。点と点をつないで線にしたり意味づけしたりするのは、人の脳が高度に発達しているからです。

私たちはログ取りをしているうちに、無意識に「やったことや起きた出来事」をつなげて意味づけをしたり、気づきを得たりして行動を変化させていきます。
私はログ取りをするようになってから、次のような気づきを得ています。

【ログ取りで得た気づき】

- **毎日できていることが少ないと思っていたが、意外といろいろ行動していた。**
- **午前中に仕事をしている日は、仕事の進みが速くてその分仕事量が多いが、午後から仕事をしている日は、仕事の進みが遅くて仕事量が少ない。**
- **朝に走った日は動きがスムーズになり、家事も早く終わっている。**
- **予定が3つ以上あった日の翌日は、エネルギーを多く使ったためか仕事がはかどらない。**
- **子どもの体調が悪い日は、手間がかからない鍋料理が多い。**

「ログを取る」というステップから自動的に気づきや意味づけが進み、結果として「自己効力感が高まった」「優先度づけがうまくなった」「朝に走るようになった」「予定は1日2つまで」「子どもの体調不良を予感したら、鍋の材料を用意する」というところまでたどり着いています。気づきを得ただけで終わっていることもあれば、行動が変わっていることもあります。現時点では気づきで留まっているものも、これからデータが増えていけば、意味づけや行動の変化にまで至る可能性があります。

ログを取ることの効果は、ここにあります。**普段、無意識で行っている行動やルーチン作業の中に一定の法則が見つかると、行動が変化することがあるのです。**

つながりが見つからない場合は「なぜ？」を繰り返す

とはいえ、「書くだけで終わってしまう」「ログを眺めているだけでは特に気づきがない」という人もいますよね。

ログとログの間につながりが見つけられない人、気づきが得られない人の多くは、データを点のままで捉えがちです。複数のデータをもう少し上の位置から全体的に見て、点と点との間にあるつながりや深さを見られるようになると、気づきが得られやすくなります。思考のトレーニングなので、慣れれば誰でもできるようになります。

一番簡単なのが、自分に繰り返し「なぜ？」と問いかけて、点と点の間にあるものを掘り下げて見つける方法です。

たとえば、ランチメニューを毎日ログ取りしているものの、「そば、うどん、そば、そば、ラーメン」で、眺めていても特に気づきはなかったとします。「普通に食べたものを書いているだけ。そこに何かあるのかな？」。ここで「なぜ？」を自分に投げかけてみるのです。

「なぜ？」で掘り下げるときには、点と点のつながり（関係性の発見）や深さ（真の意図や原因にアプローチ）につながる質問をしてみると、気づきが得られやすくなります。

質問例を挙げておくので、アレンジして活用してみてください。

【つながりを見出す質問例】

「なぜ毎日麺類なのか？　パンやごはんにしない理由はあるのか？」

「そば、うどん、ラーメンを選ぶ日は、それぞれ何か理由があるのか？」

「ランチ全体を見て、そばの割合が高い理由は？」

【深さを見出す質問例】

「そばやうどんにトッピングをしているか？　何が好きか？」

「いつも同じ店で食べるのか？　決まった店を回しているのか？」

「お気に入りの店はあるのか？　その理由はなぜか？」

ランチメニューひとつ取っても、「なぜ？」からいろいろな自分が浮かび上がってきます。頻度、定義、要素……。質問はいくつかに分かれてもいいし、正解も不正解もありません。ぜひ、自分の中の「なぜなぜ坊や」を召喚してみてください。

「いつも」と「例外」のパターンから掘り下げる

「なぜ？」でログとログの間にあるつながりや深さを見ていくと、「いつも」のパターンと、「例外」のパターンが見えてきます。たとえば、「いつも」そばやパスタなど麺類をランチに食べるけれど、「時々」おにぎりのみにしている日がある、とします。まず「いつも」から、パターンに分けて見てみましょう。「いつも」やっていることは自分が「こうしたい」と思って選んでいることなので、自己理解が深まります。

パターン①
麺類だとランチ時間が短い→早くランチを終えたい→残った時間でやりたいことがある。

パターン②
麺類だと量を食べすぎない→午後から眠くなりにくい→午後のパフォーマンスを落としたくない。

さらに、そこから「なぜ？」です。

パターン①
ランチ時間を切り上げてもやりたいことは何？　なぜそれをやりたいの？　楽しいの？　好きなの？……

パターン②

午後のパフォーマンスをなぜ落としたくないの？　効率よく仕事がしたいの？　やりたいことが多いの？……

では、「例外」もパターンに分けて見てみましょう。よくよく考えたらこんなことが前後に起きていた、というパターンも一緒に見つかると思います。

パターン①

ランチがおにぎりのみの日は、前日にアルコールを飲んでいる→次の日のランチメニューを無意識に軽くしている。

パターン②

ランチがおにぎりのみの日は、午後から人と会う約束がある→無意識に軽いメニューを選んでいる。

さらに、ここからも「なぜ？」です。

パターン①
翌日までアルコールの影響が残っているということは、体力が落ちているの？……
パターン②
緊張して食べられないの？　人と会うことが負担になっているの？……

このように、「例外」からも、普段気づいていない自分の意外な一面が見えてきます。ログと「なぜ？」ひとつで、ここまで自己理解を深めることができるのです。

気づきが得られないときは発酵させる

気づきが得られないときは、そのままにしておくのもひとつの手です。そのまま置いておくと、ログは発酵します。

発酵とは、微生物が有機物を分解して別の物質に変化することを指します。特に気づきがなかったログでも、しばらく置いておくと、その間に自分の知識や体験が増え、次に見たときに違った気づきが得られることがあります。
実際、私もログを見ていて「特に気づきはない」と思うこともよくあります。しかし、ログ取りを続けていると、ある日「あ、私はこういうことを考えていたのかも」という気づきが降りてくることがあるのです。

私は母と子のシェアコスメ「ｓｏｉｎ（ソワン）」を２０２２年６月に立ち上げましたが、それまではオイルやソープを自分で企画するなんて考えたこともありませんでした。メインの仕事になっている文筆業やヨガが、化粧品開発とまったく関係がなかったからです。

しかし、子どもが乾燥肌なので、「専用のオイルを買った、塗った、買い替えた、皮膚科に行った」というログは頻繁に出てくるのに、私の身体の潤いケアに関するログはまったく出てこないということに、ある日ふと気がついたのです。
「子どもはピチピチだけど、私はカサカサ」。これって、私と同世代の母にとってあるあるではないか。「子どものボディケアはするのに、自分のボディケアはしない。というか、する暇がない」のです。

そこから、【母用のオイルやソープはないのか→子ども専用のものは買うけれど、自分には買わない人が多い→母と子のシェアコスメにしたらいい→市販品で適したものが売っていない→それならつくってみるか】と、アイデアが広がっていきました。

これも、わが子の乾燥肌ケアのログがなければ、意識することもなく流れて消えてしまっていたと思います。気づきがすぐに生まれなくても、そこにログを残したことで発酵が始まっていたのです。


ネガティブ・ケイパビリティという言葉があります。どうにも答えの出ない事態に耐える能力のことで、日本では精神科医の帚木蓬生さんが著書『ネガティブ・ケイパビリティ 答えの出ない事態に耐える力』(朝日新聞出版)の中で解説しています。

私たちは変化が激しい時代を生きているので、すぐに答えが見つからない、気づきが得られないと「私は考えが浅い」「頭が悪い」と自己評価を下げてしまいがちです。

皆さんはどうですか？ 現代人には、このネガティブ・ケイパビリティが足りていないと思いませんか？ **答えがうまく見つからないときは、しばらく抱えておく。すると発酵して、大きな気づきや深い理解につながることがあるのです。**

ログ取りというのは、コツコツ、少しずつです。急にあなたが変化するわけではありませんが、続けているとちょっとずつ変化していき、学び軸がくっきりしていく。わからないときや迷うときは、無理に気づきを得ようとしなくて大丈夫です。

ログ取りは、自己理解の土台であると同時に、自分の「答えを今すぐに出さず、抱えておく力」の育成にもつながります。すぐできるからOK、できないからダメと短絡的に捉えるのではなく、寝かせる、発酵するのを待つという観点で取り組んでみてください（P125／図⑭）。

これまでの自分の考えや言動、行動について振り返る習慣がない人は、一気にできなくても気にしなくてOKです。縄跳びを跳んだことがないのに、いきなり二重跳びができないのと同じです。

様子見する、別の日に見る、量を増やす（ログをためてみる）。気づきはあとからついてきます。まずは、できることからやってみましょう。

図⑭▶ログから気づきを得るためのヒント

「なぜ?」でつながりを見つける

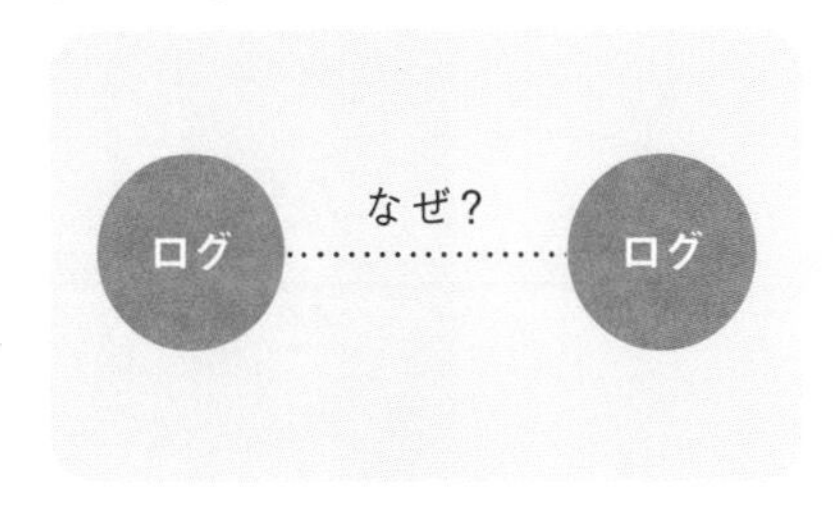

「なぜ?」で掘り下げる

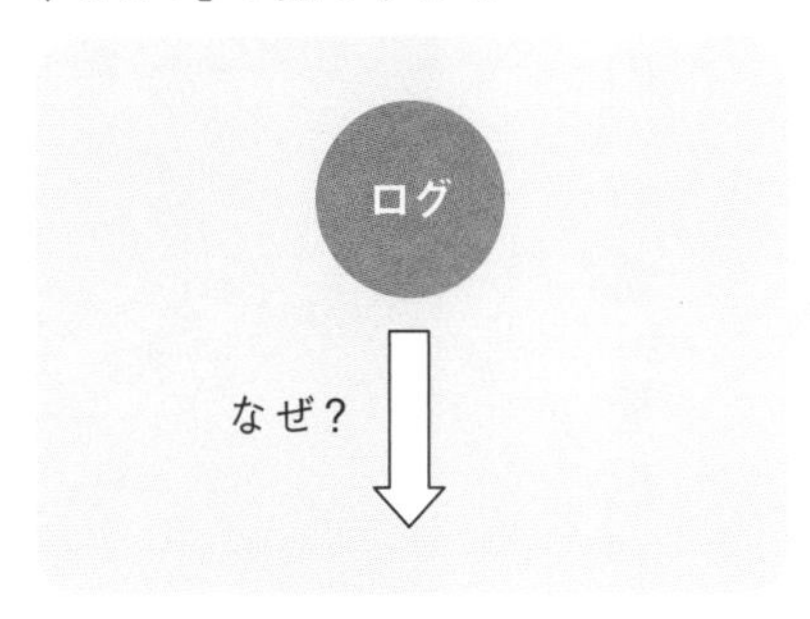

しばらく置いて発酵させる

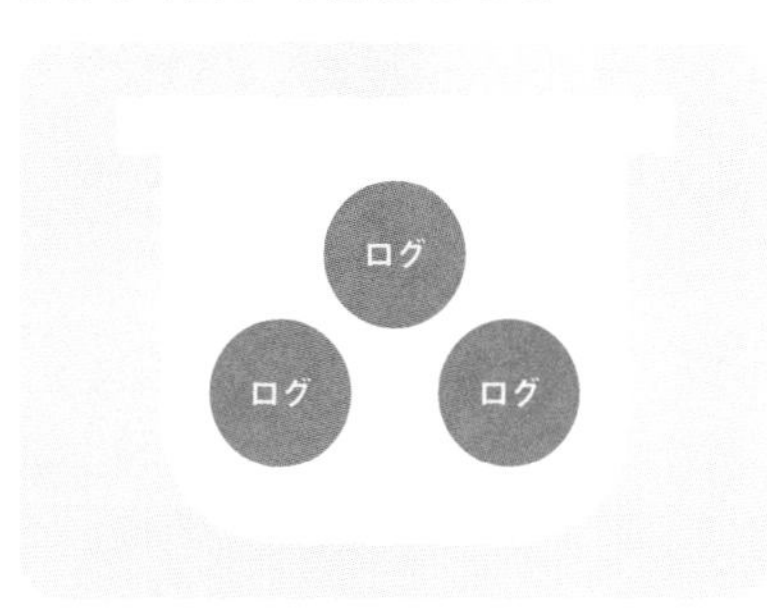

自己理解のステップ③
自分を知る

ログにある出来事の「感情」を掘り下げる

さあ、ステップ③まで来ました。データが増えてきて、気づきも少しずつ得られるようになってきたら、今度は1つのログを掘り下げて、自分の受け止め方や反応から「自分を知る」フェーズに入っていきます。何かを体験したあとに、その出来事を掘り下げて、自分の内側をそっとのぞいてみるのです。

たとえばある日、職場で同僚が上司から怒られていたのを見たとします。そして、その日のあなたのログに、「同僚が上司から怒られていた」と書いてあったとします。

その出来事を書いたということは、あなたの内側に何か反応するものがあったということです。

反応としてわかりやすいのは、「感情」です。職場で同僚が怒られているのを見て、不愉快になる人もいれば、悲しくなる人もいます。人によっては、「自分に害が及ばずラッキー」と思う人もいるかもしれません。

あなたはどう感じたのでしょうか？　憤り？　恥？　不安？　どういった感情が湧きましたか？　その感情はなぜ湧いたと思いますか？　もう一歩踏み込んでみると、「上司は年長者なのだから正しい」という自分の価値観や、怒られているという事実から「同僚は悪いことをしたに違いない」と捉える考え方の癖が見えてくるかもしれません。

たった1つの出来事でも、それが起こったときの自分の感情を掘り下げていくと、そこには今まで認識していなかった価値観や考え方の癖を持った「自分」がいます（**P129／図⑮**）。

普段感じているけれど、無自覚であるがゆえに流れていってしまっている感情を、ちょっと意識して掘り下げてみるだけです。

「思考の過程」をつかまえる

「感情」を掘り下げるのに加えて、自分の「思考の過程」をつかまえる、という視点で1つのログを掘り下げてみると、気づきが得られやすくなります。事実だけを見るのではなく、その結果に至るまでの「思考の過程」をつかまえてみるのです（P129／図⑯）。たとえば、ログに次のように書いてあったとします。

「朝食・パンとバナナ、仕事、ランチ・月見そば、仕事、帰宅中読書、夕飯・野菜と鶏肉の鍋。生協注文、アマゾンで入浴剤買う。仕事が忙しい時期で運動ができていない。午前中、メールの返信忘れを取引先に指摘された。返信忘れではなく、返信不要のメールだと思っていた」

「これだけ見ても、特に気づきがない」という人もいるでしょう。確かに、ログを

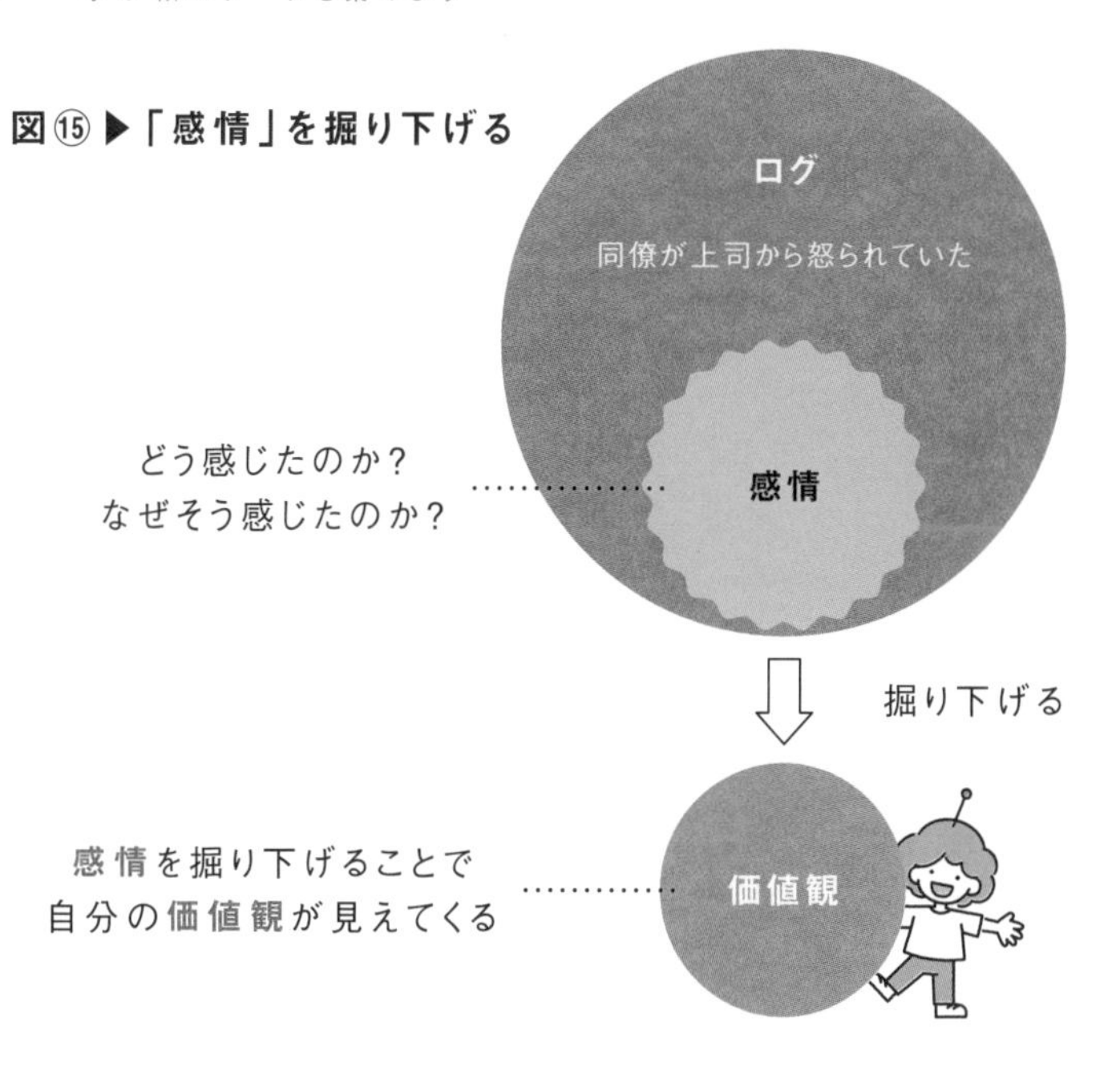
図⑮▶「感情」を掘り下げる
ログ
同僚が上司から怒られていた
どう感じたのか？
なぜそう感じたのか？
感情
掘り下げる
感情を掘り下げることで
自分の価値観が見えてくる
価値観

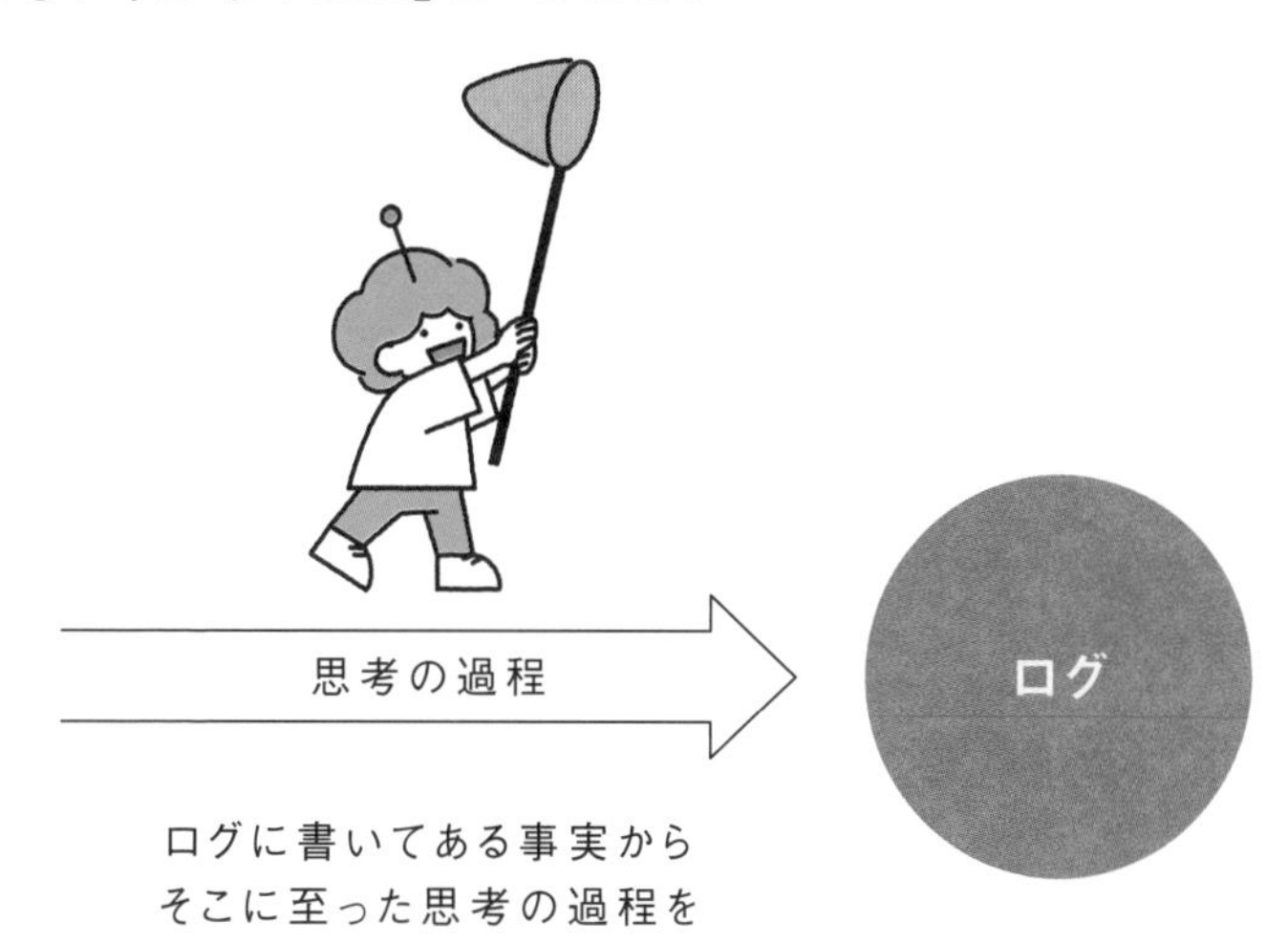
図⑯▶「思考の過程」をつかまえる
思考の過程
ログ
ログに書いてある事実から
そこに至った思考の過程を
つかまえる

じっと眺めているだけでは気づきはないかもしれません。では、その奥にある「思考の過程」をたどってみましょう。

【食事のメニュー】

メニューが全体的にヘルシーで、朝昼晩で野菜の量を調整しているように見える点から、普段から健康に意識が向いている「思考の過程」が見えます。

【運動ができていない】

そもそも運動習慣がない人は、こういうことを書きません。運動ができていない罪悪感や、習慣が乱れていることへの不安が「思考の過程」にありそうです。

【取引先のメール返信忘れ】

理由も挙げているので、「自分は悪くない」と思ったという「思考の過程」が見えます。自分の価値観や行いを否定された気分になったのでしょうか。「こういうメールには返信不要」という認識が相手とずれているかもしれない、という気づきも見えます。

「結論」「結果」に至った過程を広げる

ログは、自分が「それをログとして書く」と選んだ時点で、背景に必ず何かしらの思考が存在しています。そのため、ログに書いた「事実」に至った「思考の過程」をたどることは、自己理解につながります。

ちなみに、「結論」「結果」を出すことに慣れている人は、「思考の過程」をたどるのが苦手です。会社では、上司から「結論から言って」と言われたりしますよね。プレゼンでは「まず結果を教えて」と、よく言われます。こういった「結論」「結果」を出す訓練に慣れていると、そこに至った過程を広げるという観点が抜けがちになるのです。すると、「ログとして事実を書いているけど、それを眺めていても何も気づきがない」という状況に陥りやすくなります。ログを書くに至った「思考の過程」を、意識して広げてみてください。

自己理解は行動を変え、人生を変える

「行動」の前にある「心」を知る

アメリカの心理学者のウィリアム・ジェームズは「心が変われば行動が変わる。行動が変われば習慣が変わる。習慣が変われば人格が変わる。人格が変われば運命が変わる」という名言を残しました。人は、「心→行動→習慣→人格→運命」の順番で変わるということです（P133／図⑰）。

「ログを取る」というのは、「書く」という「行動」がついてきます。この「書く」というのは、自分と向き合う行為です。たとえ書くのが事実だけだったとしても、私

図⑰▶人生が変わるステップ

心が変われば行動が変わる

行動が変われば習慣が変わる

習慣が変われば人格が変わる

人格が変われば運命が変わる

たちは書くという行動の前にある自分の「心」の存在を意識せざるを得ません。

・書いたこと
→自分の中での優先度が高いものや大事なこと、心が動くこと
・書かなかったこと
→自分が興味のないこと、認識したくないこと、嫌なこと

心とは、「自分の気質、性格、価値観、考え方」などを意味しています。書くという「行動」を通じて、書いたことからも、書かなかったことからも、その前にある自分の「心」を知ることができます。

自己理解のステップは、ログ取りという「行動」をすることで、その前段階にある自分の「心（意識）」を振り返るための作業です。つまり、**日々流れていく「行動」をつかまえることで、その前にある「心（意識）」を見える化し、自分を理解することが目的なのです。**

「心」を知ることで「行動」が変わる

「行動」の前にある「心」を知ることは、自分の行動を決めている考えや価値観を知ることになります。

学び軸も同じです。ジックが着ている服（スキル・能力）は見えやすいもの。ついそちらに目が向いてしまいますが、本当に大事なのは、その下にある学び軸。アンテナ（感性）や体型（資質）をきちんと認識し、理解することです。

自分は何に興味・関心があるのか、どんな価値観を持っているのか、どんな動機を持っているのか……。ここをつかまえる、意識する。そうすることが、その先の「行動→習慣→人格→運命」の変化につながります。

「心」の存在を忘れて無自覚に生きていると、誰かに促された道を流されるままに歩いてしまったり、進みたくない道に進んで引き返せなくなってしまったりします。自己理解というのは、自分の人生を方向づける最初の一歩でもあるのです。

自分らしい人生を歩むための学びの選択

外から見て、自分に似合うファッション（スキル・能力）を選び、人生を主体的に生きている人は、その下にある学び軸（感性、資質）をしっかり認識しています。つまり、自分がどんなものに興味・関心があるのか、どんな資質を持っているのかを自覚しているのです。

だからこそ、何を学ぶか・学ばないか、これをやるか・やらないかの迷いが少なく、選ぶモノや取る行動にセンスがあり、自分に似合う学びを着こなして、その人らしい人生を歩んでいるのです。

皆さんも、そうありたくないですか？　私はそうありたい、そう生きたいです。誰かのすすめる道ではなく、自分のアンテナに従って学びを選びながら人生を歩んでいきたい。だからこそ学び軸の力をきちんと発揮できるよう、日々の自己理解の習慣を大事にしています。

私の自己理解のステップと学びの選択

毎日行っている2種類のログ取り

いろいろとお伝えしてきましたが、「はるさんは、どうやってログ取りをしているの？　もっと詳しく教えてよ」という声が聞こえてきましたので、私のログ取りについてもう少し詳しくご紹介します。

ログ取り自体は20代の頃から手帳でやっていたので、すでに十数年行っています。もちろんずっと同じ形式ではなく、手帳、ノート、スマホ、PCなどいろいろなツールを試してきましたし、ライフスタイルの変化によって続かなかったもの、やり方が変化したものもあります。

現在、私は次の2種類のログを取って、自己理解を深めています（P139／図⑱）。

【事実のログ取り】

夜20時にアラームをかけ、スマホの日記アプリにその日にやったことを記録しています。朝からの行動を振り返って小さなこと（メール返信など）から大きなこと（仕事の打ち合わせ）まで書いています。

【思考と感情のログ取り】

朝パソコンに向かう前に、前日に心を動かされた出来事を手帳やノートに記録しています。具体的には、印象に残ったことや違和感があったこと、感情を動かされたこと（怒りや喜び）などです。日中に書くときは、スマホのメモ帳を使っています。

事実のログ取りをしている日記アプリからは、「自分がどんな得意・不得意を持っているのか」「今後やりたいこと、やめたいことは何か」という気づきがあります。

はじめてやることや時間がかかることは、所要時間も記しています。すると、自分

図⑱▶ログ取りツールの使い分け

が思っていたより時間がかかっていることや、できるけれど苦手なことや不得意なことがはっきりとわかるようになりました。

同時に、思考と感情のログ取りをしている手帳をパラパラ見ていると、「経理処理がつらい」「経理処理に2時間（涙）」と何度も書いてあります。こういう作業は、何度やっても上達していないのだから「やめたほうがいいこと（外注すること）」になります。

また、**印象に残ったことや、違和感があったこと、怒りや喜びなど感情を動かされたことを書いている手帳は、自分の**

価値観や問題意識に気づくきっかけになっています。私はVoicy、SNSなどで発信をしているので、手帳に書き留めて気づいた問題意識は、これらのアウトプットのネタになることもあります。

自分の価値観を認識できるようになったら、他人の意見に左右されることや迷い、モヤモヤが減りました。「同じ価値観の人はいない。人は人、自分は自分」が本当の意味で理解できるようになって、相手の価値観も大事にできるようになったのです。結果的に、自分の価値観を大事にできるようになり、自分が付き合いたい人や、いたい場所（物理的な場所から心理的な場所まで）も選べるようになってきています。

自己理解の習慣で学び軸の解像度が上がっていく

これらのことは突然できるようになったわけではありません。ログ取りをして自己理解が進んだ結果、自分の行動の一つ一つに自覚的になり、だんだんと行動を変えられるようになりました。若い頃は自分の学び軸の解像度が低く、自分のことをきちんと理解できていませんでした。

大学生のとき、私は心理学を専攻していました。当時は「おもしろそう。カウンセラーになりたい」という程度で、細かな動機まで言語化できていませんでした。その後、私はカウンセラーにはならず（詳しい経緯は第2章に書きました）、まったく違う分野の民間企業に就職して十数年勤務し、退職しました。

現在は、独立して仕事をしつつ、大学院に進学。発達心理学が専門の教授のもとで感性にまつわる勉強をしています。一周回って戻ってきた感じです。地道にデータを集めたことでだんだんと学び軸の解像度が上がっていき、自分に必要な学びを選べるようになっていったのです。

高校生だった私のアンテナがキャッチしていた「おもしろそう」は、実は大人になっても変わっていません。ただ、大人になり、自己理解の習慣を持ったことで、私のアンテナに引っかかっているものがいったい何なのか、具体的にわかるようになりました。 私のアンテナは、「人間の心の機微（表面からはわかりにくい動き）や感情」に触れると発動するということがわかったのです。

年齢を重ねるごとに、アンテナの発動回数は増えていきます。日々の生活の中で、職場で、趣味の場で、私の「人間の心の機微や感情」に興味を持つ回数は増え、センスが磨かれていきました。

学び軸に従って学びを選ぶ

私がヨガをしたり、発信したり、文章を書いていたりすると、周囲に集まってくれる人たちがいます。いつも思うのが、「この人たちは、なぜここに集まっているのだろう?」ということです。

きっと、そこには彼ら、彼女らの「心の機微や感情」があるのです。「それを知ることが、私の今後の仕事や生き方につながるのではないか?」ということに、自己理解の習慣を通じて思い至りました。私のアンテナがビンビンとキャッチしていることに気づいたのです。そのため、私はそのヒントを学ぶために進路変更をし、大学院で学ぶことにしました。

本来なら、独立した直後に学ぶのは、すぐに仕事に直結するスキル・能力が手に入るもののほうがいいのかもしれません。私の場合は、経営やヨガなどでしょう。

しかし、私は自分のジックのアンテナ（感性）と体型（資質）を見ながら、「どんなファッション（スキル・能力）を身につけたいか？」と自分に問うた結果、大学院で学ぶことを選んだのです（センス）。

この選択は、私が自己理解の習慣を通じて、自分の学び軸の根幹となるアンテナ（感性）を大事にするようになったからできたことです。それがなければ、「とりあえず独立したから、まずはお金の勉強をしなきゃ。もっとうまく商売できるノウハウを身につけなきゃ」となっていたかもしれません。

1日5分のログ取りから始めよう

私は、1日5分もかからないログ取りで、自分の学び軸を知ることができ、自分らしい学びの選択ができるようになりました。

同じように、**誰もが学び軸を知ることで、自分らしい学びの選択ができるようになると思っています。その結果、自分の生き方そのものが変わる可能性もあるのです。**

自己理解の習慣がない人は、とりあえずログ取りを始めてみることをおすすめします。なぜかというと、ログ取りは思考力不要の単純作業なので、誰にでもできるからです。さあ、早速スマホを開き、ログ取りの時間を決めて、アラームをかけましょう。通勤時間、ランチタイム、就寝前……。あなたの生活の中に、ログ取りのための「5分」を確保してください。

3カ月も継続すれば、それが当たり前になって継続できるようになります。すると、霧が晴れるように一気に自己理解が進むときがやってきます（P145／図⑲）。

英語学習にも似ていますね。それまで全然聞き取れなかった英語が突然聞こえるようになる。「私はこれがやりたかったのか」「私はこういう価値観を持っていたのか」「このときはわからなかったけど、あの違和感はこの価値観によるものだったのか」という、点と点がつながって線になる体験です。

図⑲▶自己理解の進み方

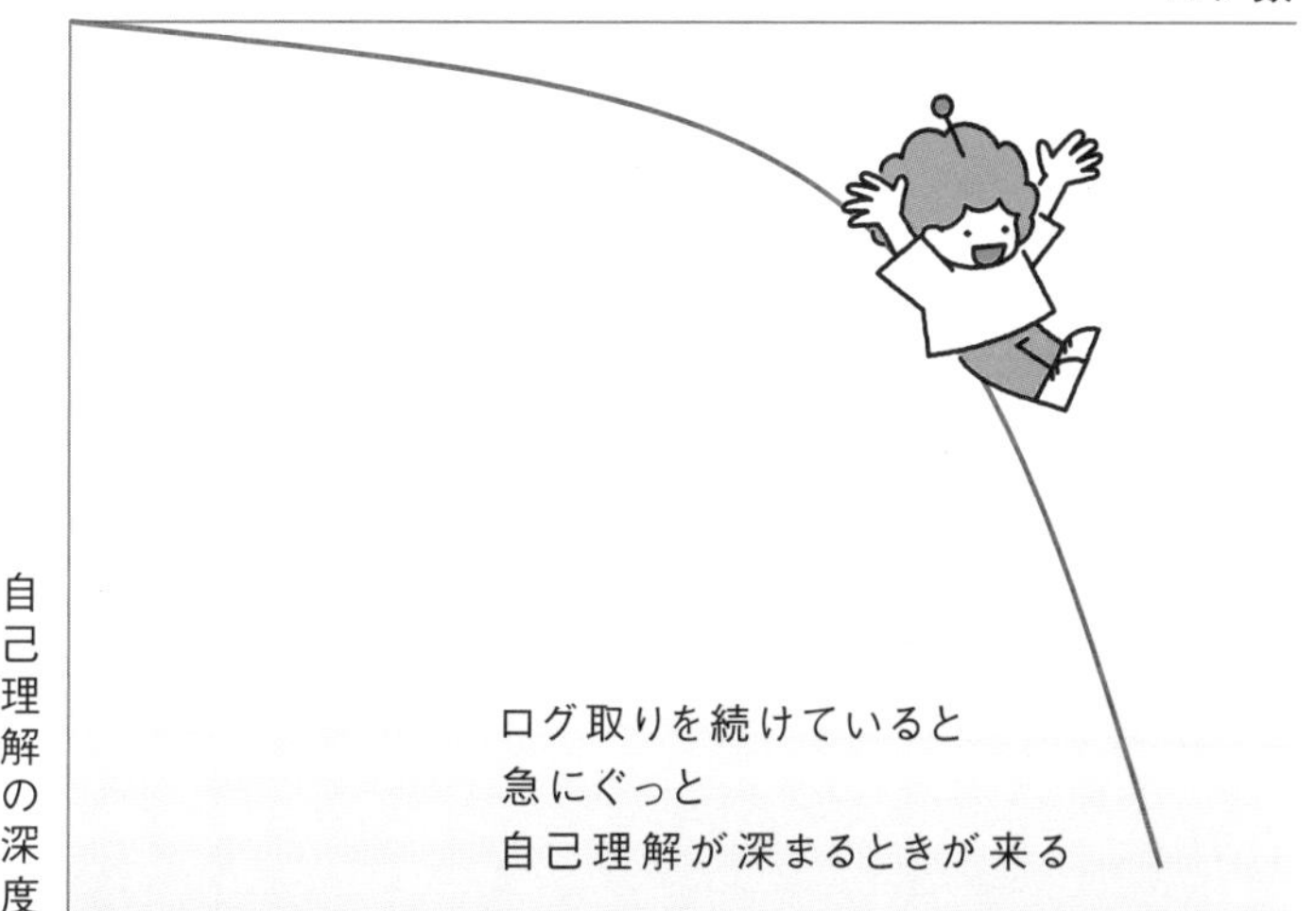

これを体感できるまで、ぜひ1日5分のログ取りを続けてみてください。自分が試行錯誤して得た習慣は、簡単には失われません。ぜひ、自分に適した方法を探しながら、ログ取り習慣を手に入れてみてください。

続けるうちにあなたの学び軸は少しずつくっきりはっきりしていき、しなやかに回転し始めるでしょう。

Column

3

最近よく聞く学びのキーワード

最近は、大人の学びのキーワードとして、次の2つの言葉を見たり聞いたりする機会が増えてきました。

リカレント教育：学校教育から離れて社会に出たあとも、必要なタイミングで再び教育を受け、仕事と教育を繰り返すこと

リスキリング：技術革新やビジネスモデルの変化に対応するために、新しい知識やスキルを学ぶこと

これからの社会を生き抜いていくにあたって「大人にも学びが必要」と認識されるようになり、行政や企業などさまざまな場所で取り上げられるようになった言葉です。

これには、雇用の流動性や終身雇用の崩壊、労働期間の延長など、さまざまな社会的背景があるのですが（国や会社では面倒見切れないから、自分の力で学んで生きていっておくれというメッセージ）、カタカナ用語でそのあたりのニュアンスがマスキングされ、見えなくなっています。

内包された「ネガティブな何か」を察知して、「これって本当に私のためになるの？」といぶかしんでいる人も多いように感じます。早晩やらねばならぬこととはいえ、自分事として腹落ちしていない人も多いのではないでしょうか。会社や社会から一方的に「アナタノギジュツはフルイデス。スキルもフルイデス。マナビナオシモトム」と言われても、「忙しくて無理、無理」と思ったり、やらされ感を抱いてしまったりする人もいるはずです。

もちろん、学んだほうがいいとはなんとなく感じている。でも、その「なんとなく」の感覚で手を伸ばしてつかんだ学びで、果たして自分の人生は幸せになるのか？それは本当に自分にとって必要なのか？　学び直すにしても、いったい何を学んだらいいのか？

そう思い悩み、どうすればわからず右往左往。周りからの「アブラカタブラ、リカレント、リスキリング」という呪文だけはよく聞こえてきます。

私は、2022年4月から大学院に通っています。「なぜ大学院に行くんですか？何を学んでいるんですか？」といろいろな人からよく聞かれます。そんな私の進学理由は「おもしろそうだから」です。

「学んだほうがいいこと」より、自分の「学びたいこと」を自覚するほうが大事。そうしないと、おもしろくないし、続かない。能動的な学びになりません。仰々しく構えずに、もっと気楽に自分のために学びを選ぶ。他人から「何それ？」と言われても「知りたいから」「おもしろいから」学べばいいのです。そう考えると、学びを違う視点から見ることができそうだと思いませんか？

私の友人に、天然酵母のパンの焼き方を学び、日々探求している人がいます。理由は「日によって酵母の状態が違い、どうやったら毎日おいしいパンを焼けるか研究するのがおもしろいから」だそうです。

私にはさっぱりわかりませんが、酵母のにおいが毎日違うこと、発酵させる果物によって酵母が違うこと、発酵時間の差でパンの味に違いが出ること。これらがおもしろくて仕方ないそうです。そのため毎朝4時に起きて酵母の発酵具合をチェックし、その日の湿度を考えてパンを焼く日々を送っています。「あー、おもしろい！」という友人の声が聞こえてくるようです。

私には残念ながら、この酵母からのパンづくりのおもしろさはわかりませんが、「おもしろいからやる」という感覚は、よくわかります。この「おもしろいからやりたい」に忠実な大人が増えていくことが、真の意味でのリカレント教育やリスキリングにつながるのだろうなと思います。

第4章

学び軸を回すためにリソースを確保しよう

学び軸を理解するだけでは、学びのサイクルを回すことはできません。人間として必要な時間や体力、お金などのリソースを確保することで、はじめて学び軸は回り始めます。この章では、年代ごとのリソースを振り返りつつ、今までの学びとこれからの学びについて、リソースの観点から検証していきます。

リソースが不足すると、学び軸が動かない

学び軸を動かすために必要なもの

「なるほど、よくわかった。でも、学び軸について理解するだけで、自分らしい学びって本当にできるようになるの?」と思ったそこのあなた、天才です。

私たちは人間なので、そう簡単にはいかないからこそ悩ましいのです。**学び軸を理解しただけでは、学びのサイクルは回り始めません。**長い人生の中では、学びに対して前向きな気持ちを持てない時期やタイミングがあったりします。

車を動かすためには、ガソリンが必要ですよね。ガソリンを燃料にすることによっ

てエンジンが動き、タイヤが回り、車が動き始めます。ガソリンがない状態で走っているとと車は止まってしまうし、エンジンを傷めてしまう原因にもなります。人間も同じです。

睡眠を3時間しか取っていなかったり、丸1日食事をとっていなかったりする状態で上司から仕事のアドバイスをされたとします。それがいくら役に立つ話だったとしても、その状態で学びを受け取るのは難しいですよね。

特に大人の学びの場合、仕事や家事、子育てと並行して行うことが多いため、学生のときほど時間や体力を学びにあてられません。誰かが生活を整えてくれるわけでもないし、費用を払ってくれるわけでもありません。そのため、学ぶために必要なお金や時間もすべて自分で用意する必要があります。

つまり、**学び軸を動かし、学びのサイクルを回すためにはリソースが必要なのです。リソースとは、さまざまな形や性質をした資源や手段全般を指します。**

【学び軸を動かすためのリソース】

①時間
②睡眠
③体力
④場所
⑤思考力
⑥お金

リソースが不足するとどうなるか

リソースが不足しているとき、人は「学びたい」という気持ちが湧いてきません。

「学びたい気持ちがないわけではない。でも、本を読んでいると寝てしまうし、隙間時間があれば、スマホを開いてダラダラしてしまう」。こういう方は、学びができているかどうか以前に、まずリソース不足を疑ってみてください。

リソースがあってこそ学びのサイクルが回るのですが、大人はそもそもリソースを確保するのが難しいのです。なぜなら、仕事をしたり、家事をしたり、子育てをしたりと、やるべきことがたくさんあり、それらにもリソースが必要だからです。

【リソースが不足している状態】

①時間不足……長時間労働や家事・育児に時間が取られ、1人の時間がない。
②睡眠不足……集中できず、すぐ眠くなってしまう。毎日の睡眠時間が6時間を切っていたら要注意。
③体力不足……疲れやすく、集中力が維持できない。貧血や栄養不足なども疲れやすさの原因になる。
④場所不足……リモートワークで常に家族が家にいる。落ち着ける場所がない。
⑤思考力不足……日中にやることが多く、夜にはスマホを見るくらいしかできない。
⑥お金不足……明日の生活も不安だと、学ぶ意欲は減退。

リソースを見える化しよう

リソースが不足すると、「学びたい」という気持ちが湧いてこないだけでなく、別の罠にはまる可能性があります。それは「学習性無力感」です。

ポジティブ心理学の提唱者であるマーティン・セリグマンは、長期間にわたってストレス回避が難しい状況に置かれると、その状況から逃れようとすらしなくなるという現象を報告しています。これが「学習性無力感」です。人は「ないない尽くし」に対して、何もできない、逃れられないという状況が長く続くと、生活を見直す意欲も湧いてこなくなるのです。

だからこそ、**リソースが不足しているときは、リソースを確保するための行動が必要になります。まずは現状のリソースを見える化し、学びを受け取る準備をすることが大切です。**

今あなたがリソース不足に陥っているかどうかをチェックするため、ワーク④「リ

ワーク④▶リソース見える化シート

①時間:1日の中で自由に使える時間は十分にある?
②睡眠:7時間以上寝ることはできている?
③体力:夕方以降も動けるだけの体力は残っている?
④場所:1人で学びができる場所はある?
⑤思考力:帰宅後に本を読むなど、好きなことはできている?
⑥お金:1カ月で自由に使えるお金は十分にある?

○△×の3段階で評価しましょう。

①時間	②睡眠	③体力	④場所	⑤思考力	⑥お金

ソース見える化シート」に取り組んでみましょう。

それぞれのリソースごとに、足りているかどうかを「○△×」の3段階で評価します。「睡眠」や「お金」など、数値化できるものなら把握しやすいですが、「体力」や「思考力」など数値化できないものは、意識して振り返らないと実態を把握できず、なんとなくの感覚で判断しがちです。

なんとなくの感覚で「これくらいかな」と把握しているものと実態がずれていることはよくあります。たとえば、毎日7時間寝ているつもりでも、スマートウォッチで計測してみたら「6時間だった！」という人は、その辺にゴロゴロいるはずです。

数値化できるものはしてみることも大切ですが、「睡眠時間7時間以上で評価○、5時間以下は評価×」といった数値的基準は設定していません。なぜなら「6時間寝れば絶好調」という人もいれば、「8時間は寝ないとダメ！」という人もいて、基準は人それぞれだからです。とはいえ、「基準がないと答えにくい」という人のために、ワーク内に質問を記載しているので、参考にしてみてください。

まずは「やめるための学び」をしよう

リソース不足を前向きに捉えてみる

リソースが不足しているときは、学びが進まなくて当然ですよね。「学びどころじゃない。寝たい、休みたい」というのは、人間として当たり前の欲求だからです。そうはいっても、すべてのリソースが確保できるまで待っていたら、そんな日はいつになるのやら。

リソースがないと「何もできない」と考えがちですが、これを「枠」として使えば、スキル・能力を増やすこともできます。**リソース不足を前向きな制約として捉えることで、効果を発揮する可能性があるのです。**

時間が限られているからこそ、集中して仕事をこなす、やめることを決められるようになる、優先度づけがうまくなる、人に頼む技術が向上する。このように「枠」があることでできるようになることってありますよね。

たとえば、時短勤務の人はタイムリミットという「枠」が矯正ギプスの役目を果たします。「時間内に終わらせねば」という意気込みで仕事をし続けると、急激に仕事の生産性が上がることがありますよね。

時短勤務者だけでなく、共働き子育て世代で保育園の送迎時間を意識しながら働いたことのある人は、みんな経験したことがあるのではないでしょうか（負荷のある筋トレを毎日している状態。気がつけば筋肉ムキムキ）。

「リソースがない＝できない」ではなく、制限を「枠」としてうまく使うと、それが「新たな学び」の呼び水となります。ここでいう「新たな学び」とは、「やることを絞る＝やめることを決める」ための行動（学び）を指します。

リソース別「やめるための学び」

では、リソース別に、「やめるための学び」を整理してみましょう。

ワーク④「リソース見える化シート」（P157）で、×が３つ以上ある人は明らかにリソース不足です。能動的な学びができないだけでなく、学びを受け取れない状態にある可能性大です。そんなときは、持っているリソースを最大限に活用するために、「やめるための学び」をしてみるのです。

何をやめるのか？　それは、「リソースを費やしていること」です。時間がないなら、「時間がなくなっている原因は何なのか？」「仕事の時間、通勤時間、家事時間のどれが多いのか？」、その原因を調べる、実際にかかっている時間を計るといった現状把握から始めます。

「やめるための学び」とは、リソースを確保するための学びです。家事時間を減らしたり、子どものお世話を外注したり、仕事をリモートワークにして通勤時間を減らし

図⑳▶リソース別「やめるための学び」

	原因を探す	対処方法
時間不足	時間が長くなる要因を書き出す（メール、会議時間、突発案件など）	拙著『やめる時間術』（実業之日本社）を読んで、時間を見える化する。一番、振り回されている事柄の対処方法を考える、試す。
睡眠不足	睡眠時間のログを取る。睡眠時間が短い日の小さな原因を探る（気温、子どもの寝返り、飲酒、心配事など）。	睡眠時間を固定する（7時間寝る、22時に布団に入る）。就寝が遅くなる理由をクリアにし、対処法を試す（洗濯物干しが終わらないなら朝にする、乾燥機を買うなど）。
体力不足	3食食べているか。栄養は偏っていないか（貧血や栄養不足なども疲れやすい原因、鉄分やタンパク質は足りているか?）。運動を定期的にしているか。	可能なら内科で血液検査をして、鉄剤やプロテインを補充する。運動習慣がなく、筋肉が減っているなら、運動習慣を設ける（通勤に徒歩時間を足す、スタンディングデスクにするなど）。
場所不足	場所がない原因を探る（リモートワークで常に家族が家にいる、自室がない、片づけができておらず家にいると落ち着かないなど）。	週1回、カフェタイムや図書館に行く時間を設けて予定を組む。手帳やGoogleカレンダーに予定を入れる。
思考力不足	自分の思考力が落ちる時間を把握する。	朝活（就寝時間は必ず早める）や昼休みは週3回は30分（食事時間を半分にする）など、できるだけ午前中に近い時間帯に学びの予定を入れておく。
お金不足	毎月3,000円を捻出できるように、固定費（サブスク）を見直す。	メルカリなどで不用品や本を売却して、学び費用にする。無料でできる学びや社内の福利厚生を見直す。

たりするために、調べたり、交渉したり、資格を取ったりする。これらの行動も学びに含まれます。

リソースを確保するための知恵やライフハックは、ネットで調べたら山のように出てきます。そのための情報収集も学びです。具体例として、見直し方の例をいくつか紹介します（P162／図⑳）。

これらはあくまでヒントです。リソース不足の原因を探ったり、自分に適した対処方法を試したり、取り入れたりすることも十分学びになりますので、ぜひ×の項目から「やめるための学び」に取り組んでみてください。

私が実際にやってみた「やめるための学び」

簡単なライフハックで余裕をつくる

私の「やめるための学び」の例をいくつかご紹介します。

私は数年前まで、フルタイム勤務、ワンオペ育児の二児の母だったので（拙著『やめる時間術』に詳細あり）、本当にリソースがありませんでした。毎日必死で仕事を切り上げ、保育園のお迎えに行き、子どもたちに夕飯を出しつつ、自分は立ったまま食事をかきこみながら（行儀が悪い）、洗濯が終わったかどうかを気にかけるという日々。仕事と家事・育児に追われていて、「生きている心地がしない。まずいぞ、このままだと死んでしまう」と焦っていました。

そこで、私は時間というリソースを確保するために、「時間がなくなっている原因は何なのか?」を分解して改善することにしました。

私は仕事がどうしても勤務時間内に終わらず、夜な夜な持ち帰り残業をしてしまっていたので、まずはこれをやめるための学びをすることにしました。時間短縮になる簡単なライフハックを積極的に取り入れたのです。

よく使うメールの定型文はすべて下書きを用意して、頻出単語はすべてPCに辞書登録。自分のメールアドレスや会社の住所は、最初の文字を入れたら出てくるようにする。そういったレベルの小さな作業について調べ、実行して積み重ねていきました。

一つ一つは小さいことですが、積み重ねていくと思考リソースの節約にもなります。そのうち、「毎日無駄な反復作業にこんなに時間を使っていたのか」と気づくようになりました。そして、時間でいうと毎日30分~1時間くらいのリソース確保につながったのです。時間が少しできたら考える余裕が出てきたので、次に持ち帰り残業の原因そのものを潰すことにしました。

「そもそもなぜ？」の原因を探る

「そもそもなぜ持ち帰り残業になるのか？」を冷静に分析してみたら、横入りしてくる突発案件、上司からの依頼や後輩からの相談に反射的に対応していることが原因だとわかりました。そのせいで細切れ時間が増え、仕事に集中できていなかったことも判明。

そこで、本来やるべき仕事にかかる時間を見積もり、自分のスケジュールをブロックすることにしました。「集中して仕事をする時間」として確保したのです。

ほかにも、上司からの依頼や後輩からの相談を気軽に引き受けないように、会議室を予約して仕事をする、メールを返信する時間帯を決める、どんな仕事をしているか上司に細かく報連相する（突発依頼防止のために、忙しいのよアピール）、周りの人に17時以降のメール対応は翌日にすると公言する、といったことを行いました。そうするうちに、気づいたら持ち帰り残業をしなくなっていました。

こうやって書くと、「え？　そんなライフハックは調べたらすぐわかるし、すでに実践している人が多いのでは？」と思いませんか？　それがね！　リソース不足の人はそんなことすら見落とすくらい余裕がない、自分のことをメタ認知（自分の認知を客観的に把握する）できていないのです。

なので、リソース不足で「やめるための学び」をするときは、調べたらすぐに情報が見つかり、すぐにできる小さなライフハックから始めます。

それによって、リソースに少し余裕が生まれたら、「そもそもなぜこんなにリソース不足なのか？」の原因に着手するとうまくいきやすいですよ。

次に「幸せになるための学び」をしよう

「やめるための学び」の次のステップ

「やめるための学び」は、マイナスをゼロにするための学びです。弱っているときはとりあえずしっかり寝て、3食食べて、疲労回復するのが優先ですが、リソースを確保できるようになると、人はプラスの学びをしたくなってきます。

「やめるための学び」から抜け出すと同時に、「幸せになるための学び」が少しずつ視野に入ってくるのです。

リソース不足の人は、まずは「やめるための学び」からです。その後に「幸せになるための学び」。この順番が大事です。

なぜかというと、**リソース不足の人は、「幸せになるための学び」から始めても、結局続かないからです。マイナスをゼロにする段階なのに、マイナスからプラスを目指すのは大変です。**

「やめるための学び」には、「自分がやめたいことや苦手なこと、やりたくないことがわかる」という効果もあります。あなたの中にある優先度や価値観が見えてくるのです。

洗濯が嫌な人は、洗濯時間を減らすために全自動洗濯乾燥機について調べて導入する。これも学びです。洗濯より料理のほうが嫌な人は、まずは料理から改善を試みますよね。何が嫌なのか、何をまず改善するのかといった優先度は、あなたの自己理解を深めるのに一役買ってくれます。学び軸でいうところの資質に気づくヒントにもなるでしょう。

「やめるための学び」は、コンフォートゾーン（自分にとって苦もなく快適な環境）をよ

り快適にしていくための学びです。現状をよりよく快適にしてくれます。「幸せになるための学び」は、コンフォートゾーンのみならず、ストレッチゾーン（少し不安やストレスを感じるが、成長できる環境）も含む学びになります。そのため、一時的に負荷がかかったり、リソースを奪ったりすることもあるでしょう。しかし、時間が経てば「ああ、やってよかった」と思える学びです。

「脱リソース不足＝幸せ」ではない

ここで「『やめるための学び』だけでも幸せになれるんじゃないの？　ゼロをプラスにする『幸せになるための学び』をする必要があるの？」という疑問も湧いてきそうなので、付け加えておきます。一橋ビジネススクール教授の楠木建さんは、著書で次のように書かれています。

「幸福になる」ということと、「不幸を解消する」ということは混同されがちな問題です。不幸になる要因をどんどん潰していけば幸せになれるかというと、そんなことはありません。その先にあるのはただの「没不幸」です。

『絶対悲観主義』楠木建(著)講談社より

私もこの考えに100%同意です。**不満を解消するための「やめるための学び」は、「幸せになるための学び」とは違う、という点は認識しておかなければいけません。**家がきれいで睡眠がよく取れるからこそ、「何かを学びたい」という気持ちが湧くのです。もちろん、そのコンフォートゾーンが整ったら幸せを感じる人もいるでしょう。

私も、育休明けに家電を駆使して使える時間が増え、睡眠時間が長めに取れたときは「幸せ」だと思いました。しかし、それだけでずっと幸せでいられるかと問われると、そうではないんですよね。人間は成長に喜びを感じる生き物なので、リソースの確保だけで一生幸せでいられるかというと、それとこれとは別問題なのです。

睡眠をしっかり取れることはもちろん幸せですが、8時間睡眠を9時間、10時間にしても幸せにはなりません。その先に、成長やストレッチゾーンがないと幸せは続かない。「脱リソース不足＝幸せ」ではないのです。これは、人間のおもしろいところだと思います。

幸せにつなげるには、自分が「何をすると幸せを感じるか？」を認識することが大事です。「何に対して喜びや楽しさを感じるか？　幸せだと感じるか？」「その状態をつくるために何をするか？」というのは、リソースを確保できた次の段階の問題です。

リソース不足のときは、年代ごとの学びを振り返ろう

リソースは年代によって増減する

リソースは、年代によって、そのときたくさんあるリソース、不足するリソースがあります。たとえば、10代なら「体力」と「時間」はあるけれど「お金」と「思考力」はない、50代なら「お金」と「思考力」はあるけれど「時間」はない、といった感じです。

私の周りにいる共働きの30〜40代は、育児・家事・仕事にリソースを取られてしまい、「時間」も「お金」も「体力」も「思考力」もない……という方がたくさんいます。しかし、リソースが万全に整う時期は、待っていてもなかなかやってきません。

リソース不足で時間がない、体力がないときは、年代別の学びを振り返ってみることをおすすめします。学び軸を動かすリソースがないときは、過去から学び軸のデータ集めをしておくということです。

それから、年代ごとのリソースの有無を改めて認識しておくことも大切です。「今は忙しい年代だから、リソースが不足してしまうのは仕方ない」と今の自分を肯定できたり、「このリソースが不足しているから、何か1つやめて睡眠時間を確保しよう」というヒントが得られたり、何かしらの気づきがあるはずです。

リソースのある20代は、すべてが学び

20代の頃は、リソースがたくさんあります。「体力」もあるし、「時間」も「お金」も全部自分のもの。何にどれくらいリソースを使うかを自分で選ぶことができます。

この頃は、具体的にどういう学びをしているのでしょうか。

【20代の学び】

- **仕事での学び**（未経験のことが多く、経験することで学ぶ）。
- **仕事に必要な知識を得る学び**（資格取得のために学ぶ）。
- **人間関係構築の学び**（上司・先輩など、学生のときとは違う人間関係について学ぶ）。
- **社会とはこういうものだという常識的学び**（冠婚葬祭での振る舞いや、礼儀やルールを学ぶ）。
- **自分1人で生活していくための学び**（お金を稼ぐ→使う→やりくりする）。

親から自立して社会人になると、すべてのことに自分ひとりで対応していく必要があります。知らないこと・未経験なことばかりなので、「学んでいる」という意識はなくても、日々の生活すべてが学びになります。

そのなだれ込んでくる学びを支えているのは、「リソースがある」という事実。「時間」も「お金」も「体力」もあるので、「新しいことをやってみようかな」と思う機会も多かったかもしれません。もしくは、「よくわからないまま飛んでくる球をどんどん打ち返していたら、いつの間にか成長していた！」と、今になって実感している人もいるのではないでしょうか（私はまさにこれ）。

学び軸のデータをためられる時期

私は、若いうちは残業も含めてできるだけいろいろな仕事を経験したほうがいいと思っています。会社の人脈やお金を利用していろいろな学びができるのは、20代の特権です。

20代前半の、いわば社会人学校1・2・3年生の時期は、できるだけ自分のものさしでは測れない「量」から学ぶ必要があるのです。選択、選別されていない学びをひたすら受け取って、こなすフェーズ。これは、リソースがある時期にしかできないことです。

当時、よくわからないままこなしていた「量」からの学びは、確実に私の力になっています。「量」をこなす分、失敗もたくさんするので、自分に合わない・向かないサンプルを大量に集められた貴重な時代だったともいえます。

この20代のがむしゃらな学びは、リソースがない30代以降の「何をやるか、やらないか」の判断を助けてくれます。

「20代はよくわかっていなくて、たくさん失敗したな」という人ほどラッキーです。失敗というのは、あなたの学び軸の理解を深める種です。自分の失敗だけでなく、他人の失敗からの気づきまで含めて振り返りをすれば、自分の特性や認知の癖を客観的に知ることができます。

では、復習です。学び軸は何で構成されていましたか?

【学び軸の構成要素】

感性：生まれながらにして持っている興味・関心

資質：生まれ持った特性や学ぶ力、価値観、動機

学び軸が回ることによって手に入るものは何でしたか?

【学び軸によって手に入るもの】

スキル・能力：資質を使って手に入れてきた生きるために必要なスキル・能力（知

識も含む）

センス：感性を使って手に入れてきた物事に対する審美眼

ここで、皆さんの20代の頃の学びを振り返ってみましょう（P179／ワーク⑤ 20代の学び）。学び軸の切り口で書き出してみることで、自分を理解するためのデータを集めることができます。

「ええ!? 20代は、ボーッと過ごしてしまったから書くことなんてない！」と、手が止まってしまったあなた。大丈夫。いくら、ボーッとしていたといっても、記憶がまったくのゼロという記憶喪失者はいないはず。次のようにテーマを決めて、記憶を掘り起こしながら書いてみましょう。

- **人生ではじめてやったこと**（新規の体験は、「知らない」が「知っている」に変わる経験）
- **今でも記憶にある出来事**（インパクトが強いことから、何を感じたり学んだりしたか？）
- **困ったことや失敗**（そこからどんな学びがあったか？）
- **楽しかったことベスト3**（その優先度にも、「何を楽しいと感じるか」が隠れている）

ワーク⑤▶20代の学び

20代のリソースたっぷりの時期にした学びは?
学び軸につながるデータは?

学び
(学んだこと、気づき)

例:はじめての海外旅行で自分の持つ欲求や力に気づいた

感性 (興味・関心)	資質 (特性、価値観、動機)
例:異国をおもしろいと思う	例:コミュニケーション欲
スキル・能力 **(できるようになったこと、手に入れた知識)**	**センス** **(手に入れた審美眼)**
例:言語の壁を乗り越える度胸、試す力	例:怪しい人を見極めるセンス

たとえば、「人生ではじめてやったこと」をテーマにして掘り下げてみましょう。

- **学びや気づきがあった出来事は？**（学び）→「**海外旅行**（タイ）」
- **おもしろいと思ったことは？**（感性）→「**日本と違う異国の文化にワクワクした**」
- **どんな動機でどんな行動を取ったか？**（資質）→「**言葉が通じないけれど、コミュニケーションを取りたいと思って現地の人にたくさん話しかけた**」
- **その出来事から得たものは？**（スキル・能力）→「**言葉の壁を乗り越えてコミュニケーションを取る度胸や、未知のことを試す力**」
- **その出来事を経て見極められるようになったことは？**（センス）→「**怪しい人を見極める感覚が鋭敏になった**」

このようにテーマごとにワークシートを1枚使って、自分に質問をしながら掘り下げていくと、学び軸のデータがどんどん増えていきます。

30代はプライベートの学びが増えるが、リソースは不足

30代は社会人としての学びをひと通り終え、20代の「生きているだけで全部学び」がいったん落ち着く時期です。仕事以外の新たな学びを求めて、資格や勉強、習い事を始める人も多いですよね。海外旅行であえて一般的な観光地以外へ行き始める人、着つけやお茶、ダンスなどを習い始める人もいます。

結婚や出産など、ライフイベントが多い時期でもあるため、プライベートにまつわる学びの割合が増える人も多くいます。結婚は、他人同士が一緒に住み、衣食住、生計を共にすることで始まります。

結婚式はするの？ 名字は変えるの？ どこに住むの？ 年末年始はどう過ごすの？ 家具・家電はどこで何を買うの？ 2人のお金はどう管理するの？ ごはんは誰がつくるの？ キャリアはどうするの？

折衝、折衝の日々の中で、夫婦でどうにかいい塩梅を模索していきます。これも大

きな学びです。

さらに子どもができたら、「親の『お金』や『時間』などのリソースをどう配分する？」「どうやって赤ちゃんを自立するまで育てる？」といった新たな学びと遭遇する日々です。

子育ては、子どもによる個人差が大きく、「育児書通りに離乳食をつくったのに、まったく食べない！」という、ケーススタディ別の学びも展開されます。

加えて、親側は出産してから一気にリソースがなくなります。「子どものお世話」というケア労働に、「時間」と「体力」と「お金」がどんどん奪われていく……。白髪も増える……。日々の学びは多いのに、リソースが不足する時期です。

30代は「やめるための学び」がはかどる時期

私も30代で結婚・出産をしてから、プライベートの体験による学びが圧倒的に増えました。個人的には、育児は臨機応変力や寛容力を磨いているとは思いますが、**社会的なスキル・能力の習得というより、「リソースを確保するために、やめることを決**

める」という、今後の人生にも生きる学びがありました。

リソースが足りないと、親が死ぬか、子が死ぬかの世界になります（大げさ）。もう1人の親（夫）のリソースにちらりと余裕が見えると、「言われなくても洗濯物を干しなさいよ」と家庭内大戦が勃発します。私はこの時期、「このままじゃダメだ……」と悔し涙を流しながら（大げさ×2）、次のことを行ってリソースを確保しました。

- **子どものお世話や家事の一部を外注する**（シッター、掃除）。
- **買い物に行かない**（生協とアマゾンを活用）。
- **料理をがんばらない**（メニューの固定、ホットクックとヘルシオウォーターオーブンを活用）。
- **モノを管理しない**（モノ自体を減らす）。
- **やりたいことはやる**（毎日1時間半の自由時間をつくる）。

これらは突然できるようになったわけではありません。うまくやっている人の書籍（勝間和代さんのロジカル系の本、ミニマリストの香村薫さんの本）やブログを見て、試行錯誤しながら取り入れていきました。睡眠や食事の最適化、体力回復のために、栄養や運動の知識を習得し始めたのもこの頃です。太る仕組み、貧血の仕組み、筋トレ方法なども勉強するようになりました。

これらは学びなのか？ **リソースがない人にとっては、リソースを確保するために する行動も学びです。**人は必ず老いていくので、長い目で見るとリソースは必ず不足していきます。30代という若い時期に、リソースを確保するために試行錯誤した学びは一生ものです。リソースを確保するためにした学びから、学び軸につながることを書き出してみましょう（P185／ワーク⑥30代の学び）。

40代以降は学び欲がアップ

アラフォーになると、リソース不足から来る「学び？ そんな時間はない！」のフェーズを徐々に乗り越えていきます。子どもも成長するし、リソースの確保も自分なりに習得済みです。「歩んできた階段」を少しずつ上っている。では、ここからの学びはどうなっていくのでしょうか？

ワーク⑥▶30代の学び

30代のリソース不足の時期にした学びは？
学び軸につながるデータは？

学び
（学んだこと、気づき）

例：育休明けに時間の使い方が大きく変わった

感性 **（興味・関心）**	**資質** **（特性、価値観、動機）**
例：効率化より、 満足のいく時間の使い方を重視	例：時間の片づけに意欲が湧く
スキル・能力 **（できるようになったこと、手に入れた知識）**	**センス** **（手に入れた審美眼）**
例：優先度づけ、判断力	例：やめることを見極めるセンス

・**20代のリソースのある時期にこなした、「量」の学び**
・**30代のリソース不足の時期にこなした、リソースを確保する学び**

これらに加えて、

・**自分の生活や生き方の「質」を整えるための学び**

が始まるんですよね。人によっては、20代のような学びはない、リソースを確保する学びもないので、学びたいことが見つからなくて「このままでいいのか？ 何か学ばなきゃ」と思い始める時期です。興味のおもむくままに次々と新たな学びに手を出し、結局何をやりたいかがわからなくなる「学びの迷い人」になりやすい時期でもあります。

40代からの学びには2パターンある

最近、著名人が40代になって大学や大学院に入学するというニュースを耳にする機会が増えました。

たとえば、歌手の相川七瀬さんは、國學院大学で神道を学ばれていますし、タレントの菊池桃子さんは、シングルマザーになったことをきっかけに法政大学大学院で雇用学を学び、現在は母校の戸板女子短大で客員教授をされています。

彼女たちは若い頃から、自分の「やりたいこと」で一本道を走ってきた人たちです。その分野で一角（ひとかど）の業績があります。しかし、40代になり、ライフスタイルの変化に伴って価値観が徐々に変わっていったのか、まだまだ「知らないことが多い」「知りたいことがある」と知的好奇心にかられたのか、学業に立ち返るという選択をしています。

今まで走ってきた道には満足している。でも、人生が長くなった現代では、ずっと同じままじゃいられない。何か物足りなくなってくる。幸せに生きるための前向きな変化がほしくなる。

何歳になっても、人生に学びをオンする選択ができる時代が来ています。実際、私の周りにも、40代になってから意欲的に学び始める大人たちが増えてきました。そんな彼らには、2種類のパターンがあります。

- **既存の活動の延長線上にある学びで深さを出す人（例：料理が長年趣味、専門性を深めるために調理師学校へ行くことにした）**
- **違う分野の学びで間口を広げる人（例：仕事にも趣味にも関係ないが、中国語を学び始めた）**

ちなみに私の場合、30代後半の2人目育休延長中にリソースを確保できたら、20代後半から生徒として習っていたヨガを「もっと学びたい」と思うようになりました。そこから、RYT200（全米ヨガアライアンスの資格）を取り、アラフォーになってからRYT500（ヨガインストラクターでも持っている人が少ない資格）の取得にもチャレンジしました。

「それ、あなただからできたんですよね？」とよく言われますが、私だからというより、私が20代、30代とヨガに対して「歩んできた階段」があったからできたといえます。40代になると、みんな何かしらの「歩んできた階段」を持っているもの。私の場合は、たまたまそれがヨガだっただけです。

この年代になると、歩んできた階段の高さや傾斜は人それぞれ違うので、「こうするべき！」という正解はありません。既存の経験や知識をベースに垂直に掘り下げていく学びもあれば、水平に広げていく学びもあります。

今までとまったく違う分野の学びを選んだように見えても、背景にはそれまでの経験や知識（「学びの引き出し」に入っているもの）、それから学び軸の存在があります。大人の学びは、歩んできた階段の上に、さらに続いていくものなのです。

ここまでの年代別ワークでは、学び軸の切り口で見てきましたが、Ｐ１９０の「ワーク⑦ 40代の学び」は、これから手に入れたいスキル・能力、センスに着目して書き出してみましょう。

ワーク⑦▶40代の学び

40代の過去からの延長線としての学びは?
「幸せになるための学び」として手に入れたい
スキル・能力、センスは?

学び
(学んできたこと)

例:20代からやってきたヨガ

スキル・能力 (できるようになりたいこと、手に入れたい知識)	センス (手に入れたい審美眼)
例:身体が硬い人を指導する力	例:ヨガでくつろぐための空間を整えるセンス

例:解剖学の講座を受ける

次の学びの選択肢
(学びたいこと)

年代別「学び」のまとめ

ではここで、年代ごとの振り返りをまとめてみます。

- **リソースのある20代は、すべてが学び→新しい経験の量が多い分、やめたこと、やってみてよかったことにヒントあり**（学び軸のデータが蓄積）。
- **30代はプライベートの学びが増えるが、リソースは不足→リソースの確保の仕方にヒントあり**（「やめるための学び」がわかる）。
- **40代以降は学び欲がアップ→継続している学びや過去の経験や知識にヒントにあり**（「幸せになるための学び」がわかる）。

リソース不足で時間がない、体力がないときは、このように自分の年代別の学びを振り返ってみることをおすすめします。ワークを見返すと、「今はリソース不足。30代の当事者ど真ん中だ」「20代の頃の気づきを深掘りしてみると、学びたいことの片鱗が隠れていたかも」など、いろいろな気づきがあるはずです。
ジックも、いろいろなファッションを試している20代を経て、お部屋が乱れてきて粛々と整えている30代、風通しをよくするために窓を開け、自分らしいファッションに目が向き始める40代と、あなたの中でこれまでも、そしてこれからも一緒に成長していってくれることでしょう。

1つ付け加えたいのが、最近はライフスタイルが多様化しているので、ここに書いた年代ごとのタイミングがずれる人もいるということです。人によっては、晩婚や高齢出産、夫の単身赴任、子どもの中学受験などの影響で、40代になってリソースが激減する方もいるはずです。

年齢や年代はあくまで記号です。大事なのは、自分は今どのあたりの状況なのかを把握して、自覚すること。ご自身の背景に合わせて、年代は読み替えてみてください。

Column 4
学生時代の学びと大人の学びの違い

中高生時代の学びは、授業で教えられる内容を理解し、定期テストで間違えた問題を復習しながら、入学試験をパスすることを目的とした勉強がメインでした。大学時代も講義の内容を理解し、レポートや定期テストで確認するというプロセスはほぼ同じです。

社会人になってからは、仕事をしていくための学びがメインになります。職場の先輩に仕事のやり方を教わり、実際に仕事現場で実践しながら、不足している知識やスキルを身につけていきます。

同時に、プライベートにおける学びの機会も増えていきます。具体的には、1人暮らしの経験から役所に出す書類の種類や書き方、引っ越し先でのガス開通の手続きについて知る、自分で稼いで収支の管理をする経験から支出が収入を超えないように日々やりくりを試行錯誤する、といった生活を成り立たせるための知恵の習得です。

学生時代を含め、社会人になりたてのときは、自分から学びを取りにいかなくても、その場にいるだけで次から次へと学びが降ってきます。投げられたボールをひたすら打ち返していく受動的な学び。自分が「学びたくて学んだ」という実感が薄く、ボールを打ち損ねた記憶が残ることもあるため、それらの学びにネガティブな印象を持っている人もいるかもしれません。

しかし、大人の学びは違います。学生時代の与えられる学びと違い、自分で今必要な学びを選び取る必要が出てきます。待っていても何も来ない。必要な学びは、自分の足で取りにいかないといけません。

つまり、学生時代や社会人なりたてのときの受動的な学びと違い、大人の学びは能動的でポジティブであることが前提になります。

大人は学びたいことを自分で決め、学ぶ環境を自分で設定して、費用を自分で払い、「やってもやらなくてもいい」という自由も手にしたうえで学びを選択していま

す。そう考えると、大人の学びは自らを「幸せに生きるためにするもの」といえるのではないでしょうか。

私が学ぶ目的もそうです。学びによって得た知識や力は、困り事を解消してくれたり、生活を快適にしてくれたり、違う世界に連れていってくれたり、できなかったことをできるようにしてくれたり、誰かとつながれたり、希望をかなえてくれたり……と、幸せに生きるための「変化」をもたらしてくれます。

第 5 章

「学びの引き出し」を整理しよう

大人の学びは、アップデートとアンラーンを繰り返して、「学びの引き出し」を整理することが大切です。この章では、その具体的な方法について解説します。「学びの引き出し」を整理することで、学び軸があなたの「やりたいこと」を連れてきてくれるはずです。

大人の学びはアップデートとアンラーンの繰り返し

子どもの頃のジックは親の着せ替え人形

その人が生まれ持った資質をジックの体型（背が高い、筋肉質、やせ型など）にたとえた場合、スキル・能力は、着ている服や靴、帽子などのファッションです。

子どもの頃、あなたのジックは親や周りの大人が「この子にはこれが似合う」と見立てた服（学校や習い事などで得られるスキル・能力）を着ていました。しかし、成長するにつれて、人は自分自身で学びを選ぶようになっていきます。人によってはジックが親から着せられた服が好きではなかったことに気づいて脱いだり、着せられた服のよさを生かして新たな服を手に入れてコーディネートしたりしています。

若かりし頃のジックは流行に流されがち

私たちは、ライフスタイルや周りの環境の変化に合わせて、手持ちの服（スキル・能力）を見直し、服（スキル・能力）を脱いだり着たりしながら、自分の人生を歩んでいます。その中には似合った服もあれば、流行に流されて買ってみたものの全然フィットしなかった服もあるはずです。

たとえば、２０００年代半ば、モデルの蛯原友里さんのファッションは、「モテ服」と呼ばれ、爆発的な人気がありました。当時は、そのモテファッションを一式買っていたけれど、今思うと「あんまり似合っていなかった」「大してモテなかった」という人もたくさんいそうです。

若い頃は自分の理想や現状がよくわからず、手っ取り早く憧れの人の真似で乗り越えようとしてしまうんですよね。しかし、真似してみたところで、そもそも体型が違うのでエビちゃんにはなれない（遠い目）。

ジックでいうなら、自分の体型に合わない服を無理に着ようとしてみたり（オーバースペックな資格取得)、好みの服ではないけれど、周りも着ているからと着てみた服が似合わなかったり(友だちに誘われてなんとなく始めた習い事など)、そんな苦い学びの過去を持っている人も多いのではないでしょうか。

学びを着替えるタイミングは必ず来る

体型は変えられないものの、若さには強みがありました。若い頃に着る服は、デザイン重視で、質感は二の次でも問題なし。短い丈のスカートやノースリーブの服も、若い肌や筋肉でカバーして着こなすことができました。

しかし、**年齢を重ねることによって、今まで若さでカバーできていたところが、カバーできなくなってきます。服(スキル・能力)を着替える必要性が出てくるのです。**

そのサインは、今まで着ていた服がなんとなく似合わない、しっくりこないといった形で表れます。

その頃には、自分の好きな服の好み(感性)や体型(資質)をうまくカバーできる服(スキル・能力)の傾向がわかってきたり、個性的なデザインよりシンプルで質のいい服を組み合わせたほうが品よく見えるなと気がついたりしているので、自分なりに工夫するようになっています。

仕事でたとえると、20代は新入社員として基本的なスキルを身につけておけば十分だったとしても、30代は中堅社員としてチームメンバーをフォローするスキル、40代は管理職としてのマネジメントスキルが求められます。それらのスキルを、その都度学び軸で学びのサイクルを回しながら習得していくのです。

ジックが自分の意志で変えられるのは、着ている服や小物、つまりスキル・能力のみです。体型（資質）を変えることはできませんが、体型をカバーするようなファッションを選び、自分らしくすることだったらなんでもできます。

自分のデータが集まってきた大人だからこそ、自らが選んだ服や小物（スキル・能力）でいろいろな変化をつけて、自分自身を表現することができるようになります。やろうと思ったらいろいろできる。そのためには、人生の場面に合わせてスキル・能力をアップデート・アンラーンするという視点を持つ必要があります。

学びのアップデートとは

学びのアップデートというのは、1つのスキル・能力をバージョンアップさせるだけではありません。

たとえば20代で習得した英語、30代で大学に入って学んだ歴史、40代はその2つを組み合わせて日本の歴史を英語で紹介するボランティアをしてみる、というように、持っているスキル・能力を組み合わせてアップデートすることもできます。50代はさらに本格的に学ぶために旅行ガイドの資格を取る、30年の社会人経験で得た相手の要望を聞く力、企画力を生かして個人ガイドをやる、なんてこともできます。

学びのアップデート：新しい知識の吸収やスキルアップを図り、変化に合わせて自分のスキル・能力を更新すること。ジックでいうなら、持っている服（スキル・能力）を入れ替えたり、着こなし（センス）を変化させたりすること。

スキル・能力をバージョンアップさせたり、組み合わせたりしながら、自分の「ありたい姿」「ありたい生き方」に近づいていく。それが学びのアップデートです。

アンラーンとは

学びをアップデートするだけでなく、今の自分に不要なスキル・能力を手放していくことも必要です。持っているスキル・能力が、次のアップデートの邪魔になってしまうこともあるからです。

会社にいませんか？　昔の成功体験をいつまでも手放せない人。「売上があと少しで目標達成しそうなとき、俺の交渉スキルで、大口の契約をいくつも取ってきたもんだ。困ったら俺のところに来い！」なんて言う上司。

すでに季節は移ろい、夏は過ぎ去っています。冬の時代は、交渉力よりもコンテンツで差別化する時代かもしれません。その環境変化に気づかず、まだ「交渉力」というファッションをひけらかしてどうにかなると思っていると、「部長！　寒いです！」

となります。大人の学びは、環境に合わせて必要な学びを脱ぎ着することが大事です。

すでにあるスキル・能力を「あれ？　もういらない？」と気づいて自ら外していくことをアンラーンといいます。古いダッフルコートを「まだ着られる」と大事に取っておくのではなく、思い切って捨ててみる。すると、クローゼットにスペースができて、軽くて温かいダウンコートとの出会いにつながったりします。

アンラーン：すでに持っているスキル・能力を必要に応じて手放すこと。知識・思考・習慣などの見直しも含む。「今の自分」を基点に整え直して、新たな学びが入る状態にすること。ジックでいうなら、長年お気に入りの服や小物（スキル・能力）をチェックして、必要に応じて手放すこと。

アンラーンは、「このスキル・能力は古いから、もう価値がない」というネガティブなあきらめや放棄ではなく、「環境が変わって、このスキル・能力を使う機会が減ったので、手放してスペースをつくろうかな」というポジティブな変化を起こすた

めのものです。 たとえば、「長年手打ちで文章を入力してきたけれど、音声入力を取り入れて半分は手放すか」という感じです。

コロナ禍では、「人と接触してはいけない」という「枠」ができたことで、「出会いは対面でなければならない」という考え方がアンラーンされて、オンライン化が進みましたよね。こだわりは大事ですが、そこに固執しない柔軟さを持つことも、大人の学びには必要です。

次の項目からは、学びのアップデートとアンラーンのコツをいくつか紹介していきます。

学びのアップデートのコツ「学びの試着」

ハードルを低くして試してみる

学びのアップデートは「新しい知識の吸収やスキルアップ」なので、「ちょっと腰が重いわ」と思う方もいますよね。そんな方におすすめなのが「学びの試着」です。

現代は、変化のスピードが速い時代です。技術の進化などで、気づいたら環境がどんどん変化しています。変化するということをポジティブに捉えれば、自分に合ったよいものに出会えるチャンスが増えているということです。

「よさそうだな」「おもしろいな」と思ったものにフットワーク軽く飛びつき、スキル・能力をアップデートするための種まき、きっかけづくりくらいのつもりで学びをお試ししてみると、新たな発見があるはずです。

【学びの試着例】

- **使ってみたい調理家電がある。いきなり買うのはちょっと高いし、ためらう→レンタルで試してみる。**
- **勉強したい講座がある。いきなり受講しても続けられるか不安→講座の説明会に行く、受講者に話を聞く、受講者のブログを読む。**

いきなりお金や時間を大きく使うのは、ちょっとためらってしまう。でも、せっかくアンテナ（感性）がキャッチした興味・関心をなかったことにしてしまうのはもったいない！　もしかしたら、アップデートのチャンスなのかもしれません。そのため、「これならできそう」と自分が思えるところまでハードルを低くし、小さく試してみるのです。

「学びの試着」はセンスを磨く

「学びの試着」の効用はもう1つあります。これによってセンスが磨かれるのです。学びの試着力がある人は、アンテナ（感性）がキャッチしたものを無視しません。とりあえず小さく試す。そのため、経験からの学びが増え（学び軸のデータが増える）、自分に似合う服（スキル・能力）がわかるようになり、センスが磨かれていきます。

やってもいないことが、自分にとって「合うか、合わないか」なんてわからないですよね。おしゃれな人はたくさんの服を見て、試着して、選んでいるからこそセンスが磨かれているのです。

「学びの試着」は、アップデートの種になります。また、実際に試してみることで、あなたの学び軸のデータを増やすことができます。似合う服に出会うかもしれないチャンスを失わないよう、小さく行動してみましょう。

学びの迷い人が試着前にすること

「私はいろいろな学びに興味を持って試しているけれど、どれも中途半端で続かない」という人もいますよね。いろいろな学びにフットワーク軽く飛びつくものの、継続できない学びの迷い人。そういう方は、アンテナ（感性）がきちんと作動しておらず、周波数が安定していないのかもしれません。そのため、幅広くいろいろな興味・関心を拾いすぎてしまうのです。

さらに資質として実行力を持っている場合、「いろいろと試すけれども続かない」という状況に陥ってしまいます。もしかして、その学びは目的を持った「行動」ではなく、目的のない「衝動」ではありませんか？

学びの迷い人で「いろいろ学んでいるけど全部イマイチ」の人は、何かを新たに始めるというより、自己理解を深めたほうがいいフェーズにいるのかもしれません。そ の場合は、第3章を参考にしてみてください。

簡単にできることを1つ提案します。学びの迷い人は、「やりたい！」と思っても、すぐに試すことはやめておきます。まずは、手帳やメモに「やりたい！」と思ったことを書きます。それを1カ月書き続けてみて、1カ月後にも「やりたい！」と思うことがあったら、1から5まで順番をつけて1から実際にやってみます。こうするとアンテナの精度を上げることができるし、衝動を防ぐことにもつながります。

アンラーンのコツ「鏡を見る」

自分をメタ認知するためのアプローチ

アンラーンは、「すでに持っているスキル・能力を必要に応じて手放すこと」でしたね。これには「あれ？　そろそろこの服（スキル・能力）は手放す時期なのでは？」と、現実とずれている自分に気づく視点が求められます。このように「あれ？」と気づくには、メタ認知が必要です。メタ認知とは、自分自身を客観的に認知することです。つまり「鏡を見る」こと。

そのための具体的なアプローチは２つあります。

① 自分で鏡を見て気づく
② 他人を鏡にしてフィードバックをもらう

1つずつ解説していきましょう。

① 自分で鏡を見て気づく

服を着たとき、自分に似合うかどうか、おかしいところがないかどうかを鏡を見て確認しますよね。全身を鏡に映して、自分の目でじっくりと見る。そのうえで「この服の組み合わせはちょっとダサいな」「お気に入りのこの服、もう似合わなくなったかも」と気づく。そこからアンラーンが始まります。

本物の服を着たときなら鏡を見れば済む話ですが、自分のスキル・能力・知識・思考・習慣を客観視する場合、どうすればいいのでしょうか？ これらは姿形がないので、鏡に映りません。そのため、自分を映す鏡のような役割をするものが必要になります。

【鏡の役割をするもの】

Ⓐログ（手帳などに書いたログ、本書のワーク）

Ⓑ複数の役割をする自分

Ⓐログ

このときに活用できるのが、**第3章の「自己理解のステップ①ログを取る」（P109〜）で取ったログです。本書のワーク類も鏡の役割を果たします。**自分の内側にあるものを言葉にして外に出す。それを自分が眺める。これによって、メタ認知ができるようになります。

たとえば、「子どもとけんかをした」というログがあったとします。それを眺めていたら、「子どもは親の言うことを聞くものだ」という思い込みがあるから腹が立ったのかも、と気づくかもしれません。すると、「子どもは親の言うことを聞くものだ」

という価値観を手放すきっかけになります。

また、「プレゼン資料の作成に時間がかかる」というログがあったとします。これまでは「仕事だし、仕方ないよね」と思っていたけれど、同じログがいくつもあることに気づいたとき、「プレゼン資料の作成方法を見直す時期なのかも」と気づくかもしれません。すると、今まで当たり前に行っていた仕事のやり方を手放すきっかけになります。

おすすめは、「違和感リスト」を書くことです。**「あれ？」と思ったときに、うまく言葉にできなくても、違和感を覚えたことやモヤッとしたことを手帳に書いたり、メモとして残しておいたりすると、それがアンラーンの種になります。**

Ⓑ 複数の役割をする自分

もう1つ、自分でメタ認知ができるようになる方法があります。それは**「別の役割をする自分」を鏡代わりに使うというやり方です。**別の居場所にいる自分の視点から物事を見て気づきを得る、アンラーンにつなげるというやり方です。わかりにくいので例を挙げますね。

私は現在、大学院に通っているので、大学院では学生として過ごしています。仕事ではヨガインストラクターになったり、文筆家になったり、会社経営者になったり。家庭では妻であり、母です。全員同じ「私」なのですが、役割はそれぞれ異なっています。

これが、思考のアンラーンのきっかけになることがあります。たとえば、母である私は「子どもに英語力をつけることが大事」と思っていたけれども、大学院の講義を受ける学生である私は「何語でもいいから、自分の考えを論理的に話せるほうが大事だな。国語力が大事」と考えるようになりました。「大学院生の私」という鏡を見ることで、「母」として持っていた「教育の思い込み」をアンラーンできたのです。

どの役割同士でも、一方を「鏡」にすることが可能です。ただし、**そもそも持っている役割が少ないとアンラーンが起きにくいため、「複数の居場所を持つ」ことが条件になります。**

② 他人を鏡にしてフィードバックをもらう

自分から見えている自分と、他人から見えている自分にはズレがあります。そのズレの中にアンラーンの種が眠っています。これに気づかせてくれるのが、他人からのフィードバックです。適切なフィードバックを受けると、その場でアンラーンが起こります。

心理学者ジョセフ・ルフトとハリ・インガムが発表した、対人関係における気づきのグラフモデル「ジョハリの窓」は、「自分から見た自分」と「他人から見た自分」の関係を4つの窓で表現しています（P217／図㉑）。

この「ジョハリの窓」で、「自分は知らないが、他人は知っている自分」は「盲点の窓」と呼ばれています。この「盲点の窓」には、アンラーンの種が潜んでいます。他人から自分の印象を教えてもらうと、自分が気づいていない思い込みや価値観を認識することができるので、否が応でもアンラーンが進むのです。

図㉑▶ジョハリの窓

	自分が知っている	自分が知らない
他人が知っている	**開放の窓** 公開された自分	**盲点の窓** 自分は知らないが、他人は知っている自分
他人が知らない	**秘密の窓** 隠された自分	**未知の窓** 誰からも知られていない自分

では、どうすれば「盲点の窓」に気づくような他人からのフィードバックを得られるのでしょうか。

他人からのフィードバックを受けるには、フィードバックを受けやすい場所に身を置くのがおすすめです。そのための方法をいくつか挙げてみます（P218／図㉒）。

ジックにたとえると、自分が着ている服を他人に見せて、意見をもらうということです。後輩に「これ似合う？」と聞いてもいいし、ファッション診断を受けてもよし。もしかしたらインスタで毎日その日のファッションをアップして、も

図㉒▶フィードバックを受けやすくする方法

できること	具体例
自分と似たような人がいる場所を避ける	習い事、学校、趣味など、参加者属性を意識して選ぶ
逆メンターを持つ	自分より若い人に「気づくことがあったら教えて」と頼む
アウトプット量を増やす	インプット中心の「学び」は避ける 公言して行う 過程を発表する チームラーニング型の学びに参加する
振り返りの機会を設ける	やりっぱなしにしない 1人反省会の時間を取る

らったコメントを参考にしてもいいかもしれません。

フィードバックをもらうときに、もっとも大事なのは、「聞く耳を持つ」ことです。 聞く耳を持っていないと、相手がどんなにためになるフィードバックをくれたとしても気づきは生まれません。気づきがないと、「盲点の窓」は開かない。アンラーンの種は見つからない。「柔軟な姿勢で他人の話を聞く」というのが一番のコツかもしれません。

「学びの引き出し」の整理で人生がシフトする

大人の学びに必須のメンテナンス

学びのアップデートとアンラーンをすることで、すぐに大きな変化や成果が出るわけではありません。しかし、小さくコツコツと「学びの引き出し」を整理していくと、センスがよくなり、ファッションは「今の自分」に適したものになり、時代の変化に合わせて自分らしく年齢を重ねることができるようになります。

学びのアップデートとアンラーンは、いわば「学びのメンテナンス」です。

「学びのメンテナンス」は、人間の脳の性質から見ても理にかなっています。本来、人間の脳は学ぶことが好きで学習を続ける習性を持っている、その性質は年齢を重ねてもなくなることはない、とされています。脳科学の分野で、これを脳の「可塑性（かそせい）」といいます。学習や練習を繰り返し行うことで、脳内に持続的なネットワークが構築されます。簡単にいうと、何歳になっても学び続ければ、新しい知識や経験を増やして変化できるということです。

つまり、継続してメンテナンスをすることで、新しい学びはやってくるのです。「学びのメンテナンス」は、アメリカの心理学者バリー・ジマーマンが提案している「自己調整学習」と言い換えることもできます。

自己調整学習：学習過程のすべてに学習者自身が能動的に関わり、自己の認知活動や行動をコントロールしながら、効果的に学習目標を達成していこうとする学習スタイルのこと。

大人の学びはまさにこれ（バリー、いいこと言う！）。**アンテナに引っかかるものをキャッチして能動的に学んでみる、学んで気づく、振り返る。そして、「学びの引き**

出し」の整理を繰り返します。

学び軸を回すためのエネルギー配分

人は年齢を重ねるにつれて、新しいことを始めるのがどんどんおっくうになります。日々がとりあえず回っている状態であれば、「今は困っていないから」と新たな行動を起こさなくなるのです。

何事もうまく回り始めるまでは労力や試行錯誤が必要ですが、回り始めるとそこまでの負荷はかからなくなってきます。仕事も始めたばかりの頃は要領を得ず、やり方を調べたり、悩んだりしますが、そのうちだんだんと自分ひとりでできるようになっていきます。

同様に、新しいスキル・能力を身につけると、最初は学び軸に負荷がかかるので、学びのサイクルがうまく回らない。けれども、そのうちうまく回り始めるようになります。

最初は120％の力で回していたけれども、そのうち80％から70％と、かかる負荷が徐々に減っていきます。省エネで回せるようになる。すると、残った20％や30％の余力を「学びの引き出し」の整理に使うことができるようになります。

そうすることで、あなたの人生は、学び軸を中心に、よりよい方向へシフトしていくのではないでしょうか。

やりたいことは学び軸が連れてくる

学び軸を回すと見えてくるもの

最近は、「やりたいことを見つける」がテーマの自己啓発本が流行っています。しかし、それらを読んでも、やりたいこと迷子になっている人をたくさん見かけます。なぜだと思いますか？　そもそも、やりたいことって何でしょうか？　やりたいことって見つけるものなのでしょうか？（なぜなぜ坊や発動）　あなたは、自分のやりたいことを聞かれたら、すぐに答えられますか？

私は、正直答えられません。やりたいことなんて、その時々で変わっていくからです。また、日頃から自分の行動を振り返り、特性や好きなこと、得意なことなどを考える習慣を持っていないと、やりたいことなんて降って湧いてくるものではないとも思っています。

では、何をするのがいいのか？　私は、**自分のアンテナに従い、「おもしろそうなこと」をいろいろとやってみることが、自分の人生を幸せに導くと考えています。**

幸せというのは「状態」です。ゴールではありません。到達する最終目的地ではなく、ミルフィーユのように「幸せな状態」を重ねていくことで、結果的に「幸せな人生」になるのではないでしょうか。

では、その「幸せな状態」は何かといったら、自分の学び軸にあるアンテナに従って、資質を生かしておもしろそうなことをすること。それによって得られたスキル・能力を積み重ねていくことで、だんだんと自分の人生の幸せにつながる「仕事や生き方のパターン」が見えてきます。

幸せにつながる「仕事や生き方のパターン」を見つける

私は会社を辞めるまでは、小さなスタジオを運営してヨガを人に教えるのを、自分の「やりたいこと」だと思っていました。しかし、実際にやってみたら、特定の限られた人数にヨガを教えるよりも、不特定多数の人に自分の考えや想いを発信するほうが楽しいし、向いていると気づきました。やりたいと思っていたのに違ったのです。なぜでしょうか？

まず、私は会社員時代、プレゼンする機会が週2〜3回と多く、200人に向かってプレゼンすることもあったため、多くの人に向かって自分の考えや知識をわりと論理的に話すことができます。これは、ヨガ講師としても発信者としても役立つ能力です。

一方、私は学習欲が強いという特性も持っています。これは「私が知りたい」のであって、「人に伝えたい、教えたい」という特性ではありません。そのため、ヨガ講師として「教える」ことはできますが、私の特性から考えると、メインの仕事としてやりたいわけではなかったのだと気がつきました。

それまでは、ヨガ講師を「やりたいこと」だと思っていました。好きだし、得意だし、時間もお金もかけて育ててきたからです。しかし、ヨガだけだと物足りなかった。そこに、私の人生の幸せにつながる「仕事や生き方のパターン」が見えてきたのです。

私は自分の「知りたい」が発動するときに、行動力を発揮できます。その「知りたい」を原動力にして、新しいことをするのが好きなのです。それが私の人生の幸せにつながる「仕事や生き方のパターン」であり、このパターンに沿っているから、ヨガスタジオのオープンや商品開発、物販、文章を書くといった仕事が続いているのだと思います。

学び軸は、あなたの幸せにつながっている

自分がどんな人なのか。自分はどんな学び軸を持っているのか。その輪郭が見えてきたら、どんどんアップデートしていってください。

今はまだぼんやりとした点線でも、上から何度もなぞっていけば、くっきり、はっきりとした輪郭を描けるようになります。

「なんか違ったな」と思ったら、その線はもうなぞらなくていいし、また書きたくなったら上書きすればいい。そして、ほかの線を濃くしていけばいいのです。そのために、本書の学びの引き出し術を使ってみてください。

自分らしく生きるということは、学び軸の輪郭をなぞり続けるプロセスそのものです。最初から「自分らしいゴール」があるわけではない。こっちかな、あっちかなと、自分のアンテナに従いながら学んでいくことで、最終的に自分の幸せにつながる「仕事や生き方のパターン」が見えてくるのではないでしょうか。それが、あなたの「やりたいこと」にきっとつながっています。

その根幹にあるのが、あなたの学び軸なのです。その学び軸を使って得てきたものが、「学びの引き出し」に詰まっています。あなただけしか持っていない学びの数々です。

学び軸を回すことがDoing（する）なら、「学びの引き出し」はBeing（ある）です。Well-doing（学ぶ）を繰り返すことが、あなたらしいWell-being（幸せな状態）を築いてくれる。これが、自分らしく幸せに生きることなのだと思います。

「学びの引き出し」を見渡せるように
なりましたか？
学びのジックと一緒に自分らしい人生を！

おわりに

2022年の夏、私は担当編集者さんと頭を悩ませていました。大人の学びとは何か、大人の学びには何が必要なのか、どうやったら読者の皆さんに、自分が持つ学ぶ力をわかりやすく紹介できるのか。ああでもない、こうでもないとぐるぐる空回りするだけで、うまい落としどころがなかなか見つかりませんでした。

子どもの頃から大人になるまで、あなたはあなたの学ぶ力を使ってきたんだ。その根幹は変わっていないんだ。でも、大人になると、身につけたスキル・能力ばかりに目が行って、外的な尺度や評価ばかりが気になって、見えなくなっているのだ！　だからこそ、自分が持っている学ぶ力にフォーカスしたい。ここが大事！

編集者さんに息巻いてそう話しましたが、「で、それをどう書きますかね？」です(冒頭に戻る)。

うーん、うーんと頭を悩ませていたら、夢中で遊ぶ息子たちの姿が見えました。そこで、ふと思い出したのが、私たちは子どもの頃から、自分の感性に導かれて学びを選んできたということです（私は今、大学院で感性学を専攻中）。誰かに強制されなくても、絵を描きたい、レゴを組み立てたい、歌を歌いたい、鬼ごっこしたい……と、それぞれの感性に触れたものを選び、習得してきたのです。

誰にでも、自分だけの学びに関する軸がある。誰ひとり同じものは持っていない。これを「学びのジック」と命名して擬人化すれば伝わるのではないか、とひらめいたところから、本書の制作は本格的にスタートしました。

何度も根気強く私の説明をかみくだいて原稿に反映してくださった蓮見紗穂さん、長引く原稿を根気強く待ち、導いてくださったKADOKAWAの佐藤望さん、川田央恵さん、本当にありがとうございました。

大人の学びは「変化に対応する力」を身につけるためのものです。時代の変化に合わせてしなやかに自分を変化させていく、うまく適応していくために発揮されるものです。

それなのに、私たちは大人になるにつれ、人から認められるから「この資格」、給料が上がるから「この勉強」と、外的な動機によって学びを選択することが増えます。周りから「すごい！」「素敵！」と言われないと不安になってしまったり、他人と自分を比べて焦ってしまったり。

大事なのは、「自分の感性がどんなものに反応するのか」「どういう人でありたいか」に基づいて行動することです。周りから「何それ？」と言われるような一見ちぐはぐな服でも、自分の感性で選び、自分なりにコーディーネートすれば、自分らしいファッションになります。学びもそれと同じです。理解するためのヒントとして、本書の学びの引き出し術がお役に立てば幸いです。

この本を読んでおられるアラサー、アラフォーの皆さんは、ファッションの入れ替え時期を迎えている方が多くいらっしゃるでしょう。同じように学びの入れ替え時期が来ていると感じている方も多いかもしれません。
周りからの「これからは、大人の学び直し！」という言葉にあおられる前に、そっとご自分の中のジックの部屋をノックしてみてください。

あなたのジックはどんな体型をしていて、アンテナは何に反応していますか？どんなファッションを身につけていますか？

私と私のジックも、皆さんと同じ変化の時代の真っただ中にいます。現在進行形で、学びの力で自分らしくありたいと、2人で一緒にくるくる回っているところです。とはいえ、息切れするときもあります。そんなときは、学びのサウナと水風呂で「整う」のを楽しんでいます。
負荷がかかる学びもあれば、単純に楽しいだけの学びもあります。私の場合は、仕事や大学院の学びは、やりたいけど負荷がかかる学び（サウナ）、漫画や本を読むのは娯楽的学び（水風呂）。サウナと水風呂を行き来しつつ、学びを続けています。

学びにおいて大事なのは、それを学んだあとに、自分がほんのわずかでも変化していることです。学ぶ前の自分と、学んだあとの自分は違っている。そんな不可逆的な学びを積み重ねることで、私たちは変化していきます。そのことを幸せだ、楽しいと思えるなら、あなたの学び軸はうまく回転しているはずです。

大人の学びの実践者として、うまく息抜きしつつ、お互い自分の人生を歩んでいきましょう。そして、いつか「学びの引き出し」を見せ合い、「へー、おもしろいね」と、お話しできたらうれしいです。それでは、またどこかで。

2023年8月

尾石晴

参考文献

- 『働く大人のための「学び」の教科書』中原淳（著）かんき出版
- 『スキルペディア　360度の視点で能力を哲学する絵事典』村山昇（著）ディスカヴァー・トゥエンティワン
- 『私たちはどう学んでいるのか』鈴木宏昭（著）筑摩書房
- 『「能力」の生きづらさをほぐす』勅使川原真衣（著）どく社
- 『さあ、才能（じぶん）に目覚めよう　新版ストレングス・ファインダー2・0』トム・ラス（著）古屋博子（訳）日本経済新聞出版
- 『ジーニアスファインダー　自分だけの才能の見つけ方』山口揚平（著）SBクリエイティブ
- 『自己理解ワークブック』福島脩美（著）金子書房
- 『対人関係を通しての自己理解ワークブック』遠藤健治（著）培風館
- 『学習設計マニュアル』鈴木克明・美馬のゆり（編著）北大路書房

・『東大教授が教える独学勉強法』柳川範之（著）草思社
・『パフォーマンスがわかる12の理論』鹿毛雅治（編）金剛出版
・『モティベーションをまなぶ12の理論』鹿毛雅治（編）金剛出版
・『Learn Better』アーリック・ボーザー（著）月谷真紀（訳）英治出版
・『自分の〈ことば〉をつくる』細川英雄（著）ディスカヴァー・トゥエンティワン
・『ネガティブ・ケイパビリティ　答えの出ない事態に耐える力』帚木蓬生（著）朝日新聞出版
・『絶対悲観主義』楠木建（著）講談社
・『ジョハリの窓――人間関係がよくなる心の法則』久瑠あさ美（著）朝日出版社
・『幸せのメカニズム　実践・幸福学入門』前野隆司（著）講談社
・『モダンエルダー　40代以上が「職場の賢者」を目指すこれからの働き方』チップ・コンリー（著）大熊希美・関美和（訳）日経BP
・『Unlearn（アンラーン）人生100年時代の新しい「学び」』柳川範之・為末大（著）日経BP

ワークシート
ダウンロードのご案内

（ダウンロード期限／2026年9月末日23:59）

本書内に収録したワークは、
こちらの二次元コード、もしくはURLから
PDFファイル（A4サイズ10枚／約500KB）で
ダウンロードできます。

https://kdq.jp/manabihikidashi

※PC・スマートフォン対象（一部の機種ではご利用いただけない場合があります）。

※ダウンロードに際し発生する通信料はお客様の負担となります。

※端末やOSによっては、PDFファイルを開くためのアプリが別途必要になる場合があります。なお、必要なアプリのインストールやプリントアウトの方法については、お客様の環境によって異なるため個別にご案内できません。

※第三者やSNSなどネット上での公開・配布は固くお断りいたします。

※システム等の都合により予告なく公開を中止・終了する場合があります。

尾石晴

Oishi Haru

外資系メーカーに16年勤務し、長時間労働が当たり前の中、「分解思考」で時間を捻出。2児の母としてワンオペ育児のかたわら、発信業、ヨガスタジオ「ポスパム」主宰、母と子のシェアコスメ「ソワン」開発など、さまざまな仕事を始める。2020年に会社員を卒業し、サバティカルタイム(使途を決めない学びの休暇)に突入。音声メディア「Voicy」ではトップパーソナリティーとして活躍中。主な著書に『やめる時間術』(実業之日本社)、『「40歳の壁」をスルッと越える人生戦略』(ディスカヴァー・トゥエンティワン)などがある。

Voicy https://voicy.jp/channel/862
X(Twitter) @wa_mamaharu
Instagram @waamamaharu

「やりたいこと」が次々見つかる！

自分らしく生きている人の学びの引き出し術

2023年9月13日 初版発行
2023年11月5日 再版発行

著　者　尾石 晴

発行者　山下 直久
発　行　株式会社KADOKAWA
〒102-8177
東京都千代田区富士見2-13-3
電話0570-002-301（ナビダイヤル）
印刷所　大日本印刷株式会社
製本所　大日本印刷株式会社

• お問い合わせ
https://www.kadokawa.co.jp/（「お問い合わせ」へお進みください）
※内容によっては、お答えできない場合があります。
※サポートは日本国内のみとさせていただきます。
※Japanese text only

定価はカバーに表示してあります。

C0030
ISBN 978-4-04-605816-4